manifestô

Des textes «manifestes» qui mettent les nouvelles problématiques environnementales et sociétales au cœur du débat.

Autres titres de la collection:

La fleur au fusil

Nutrition, santé, climat : la science des plantes sauvages pour sauver l'homme

© Éditions Gallimard
Collection Alternatives
5 rue Gaston-Gallimard Paris VIIᵉ – 2016
www.editionsalternatives.com

La fleur au fusil

Nutrition, santé, climat : la science des plantes sauvages pour sauver l'homme

GEORGE OXLEY

manifestô
ALTERNATIVES

Sommaire

Introduction

Les fleurs s'ouvrent, pleines de promesses de bonheur. Elles nous nourrissent, nous soignent, nous confortent. Elles sont aussi plongées dans la terre comme les thermomètres de notre planète. Elles nous informent de l'évolution de notre sol et de notre climat. Nous avons évacué le sauvage de notre quotidien. La qualité de notre terroir, nous la croyions éternelle, intrinsèque à nos gènes cocardiers et rien n'est devenu plus difficile que de faire ses courses sans questionner l'innocuité de nos aliments de toujours. Bon appétit ou bon courage ? De la terre à l'assiette, notre culture s'effrite et notre planète chauffe. Non ! Aux yeux du biologiste gourmand, les remèdes se bousculent. Ce monde s'effondrerait-il par ignorance, comme un camp de réfugiés crève de faim, planté sur un tas de plantes sauvages délicieuses ? Pire : la violence que nous infligeons au sol ne se retournerait-elle pas finalement contre nous-mêmes, en commençant par les plus faibles, nos enfants ? Nous n'avons plus le luxe de déprimer. Le temps est à l'action. Ce manifeste nous montre qu'en nous armant pour mieux anticiper le monde vivant, combattre la fleur au fusil nous mène sur les chemins de la liberté.

RUDOLF DIESEL OU LE RENDEZ-VOUS MANQUÉ AVEC L'ÉNERGIE PROPRE

1898 est une date cruciale du changement climatique : l'année où l'huile végétale est abandonnée au profit de l'huile fossile : le pétrole. Rudolf Diesel invente le « moteur à huile ». Le brevet est déposé en 1898, financé par MAN, le conglomérat allemand, et Alfred Krupp en personne qui rajoute au brevet du moteur à huile la mention « *lourde* ». Il faut se débarrasser des tonnes de résidus du raffinage de l'essence dont il ne sait que faire. Personne n'y prête attention.

Personne n'a lu non plus *Solidarismus : les solutions naturelles pour l'industrie des hommes* que Diesel publie en 1903 à compte d'auteur. Il se pose en héritier de Fourrier, le philosophe social français, pour une industrie au service de l'homme. À l'origine, son moteur est la suite logique de la bicyclette, qui libère l'homme par l'énergie gratuite. À l'Exposition universelle de Paris 1900, il le fait tourner à l'arachide et à toutes les huiles végétales qu'il trouve. «Donnez-lui des cacahuètes !» La plante est au centre de cette révolution. La botanique de l'époque, c'est aussi la découverte d'êtres qui produisent la moitié de leur poids en huile, à partir du CO_2 et doublent toutes les huit heures : les micro-algues ou cyanobactéries. Diesel est un créatif à l'écoute des sciences de son temps. Le 29 septembre 1913, il se rend à la première conférence des licences de moteurs Diesel à Londres, la solution à l'énergie mondiale en poche. Après un dîner joyeux entre amis, il disparaît de sa cabine de ferry. Il vient tout juste d'écrire à sa femme une lettre où s'exprime toute sa joie de révéler au monde qu'il est à même de lui offrir l'énergie de la liberté, gratuite, un cercle vertueux infini, qui se nourrit de ses propres rejets. Ceux qui ont propagé la thèse du suicide ont oublié d'éliminer la lettre. Cette disparition est l'annonce de l'omnipotence du pétrole, la veille de la Grande Guerre. La liberté devient un bien de consommation. Les journaux qui titrent «Le conglomérat pétrolier a tué Diesel» sont ridiculisés. La guerre fait vite oublier l'ancien collégien idéaliste de la rue de Turbigo à Paris. L'économie du pétrole provoque des émanations de CO_2 d'un nouveau type. Ces gaz à effets de serre sont des hydrocarbures aromatiques polycycliques (HAP) fossiles, véritables dangers pour l'homme et le climat. Il faut attendre 2004 pour que la communauté scientifique désigne, dans la Déclaration de Paris, les HAP sous le nom de «POP» (Polluants Organiques Persistants). Ces molécules collent à nos cellules et s'y accumulent jour après jour. Le terme «persistant» remet en cause le système d'identification du toxique, encore basé sur la nocivité de cause à effet, où la dose fait le poison, chaque produit considéré individuellement, de manière séparée, à un temps « t ». Le concept de produits persistants demanderait une reformulation de la toxicité pour y introduire un peu de la complexité du vivant. Elle pourrait prendre en compte les associations de produits, leurs interférences, leur temps d'accumulation et bien sûr les populations concernées, leur état de santé, leur typologie et leur âge. Car l'homme a cette incroyable particularité de venir au monde pas complètement formé, pour se compléter au contact de son environnement : l'homme est l'enfant de ses ancêtres et de sa planète. Les petits sont particulièrement sensibles au toxique.

NOUS MANGEONS DU PÉTROLE

Les hydrocarbures aromatiques polycycliques ? Nous les connaissions déjà : ce sont les parfums de fleurs. Les HAP de fleurs sont vivants et périssables, les dérivés du pétrole sont fossiles : ce sont les fougères et les micro-algues enlisées dans les vases de la montée des eaux du carbonifère. Fossilisées sans oxygène, coupées de la vie de surface de la terre pendant des millions d'années, cela change tout, la toxicité devient extrême. Dans une tourbière ou un marigot, il se passe exactement la même chose, mais rien de tout cela n'est toxique. Ici, au contact de l'air, plantes et microbes se sont adaptés. Ils ont eu des milliers d'années pour développer des stratégies de dépollution pour que la vie alentour se développe. La différence est là : il faut bien plus de 70 ans pour qu'un organisme ou un biotope complexe s'adapte et davantage encore pour qu'il le transmette à sa descendance. La pollution aux énergies fossiles s'est vraiment emballée depuis les années 80. Pourtant, sur la même période, les chiffres de la longévité de la vie humaine ne cessent d'augmenter. Rassurons-nous vite car les êtres nés avant cette accélération ne sont plus une référence scientifique valable pour justifier de la résistance de l'homme. Il faut baser les observations sur la santé des populations nées depuis l'omniprésence des seuils critiques de pollution.

Nous diffusons désormais à grande échelle ces molécules

fossiles toxiques du pétrole, enfouies dans les entrailles de la Terre depuis des centaines de millions d'années, sans avoir eu le temps de nous préparer à ce contact nocif. Nous y allons de toutes nos activités, de nos loisirs et de nos petits plaisirs, jusqu'à la production de notre nourriture moderne. L'agriculture est devenue l'une des causes majeures du bouleversement climatique. À Paris, les autorités ont prêté l'oreille à deux tests significatifs portant sur la qualité de l'air : le premier réalisé lorsque les avions étaient maintenus au sol par un volcan islandais, le second, lorsque les voitures sont restées au garage pour cause de taux de particules fines supérieurs à ceux d'une mégapole chinoise – deux événements concomitants d'une période d'épandage agricole. Une fois la circulation diminuée de moitié, les relevés montrent une pollution qui reste élevée, dont 90 % des particules fines sont à base de nitrate d'ammonium d'origine agricole. Le soir même, le professeur de pneumologie de la Pitié-Salpêtrière, le professeur Bertrand Dautzenberg, invité à la télévision pour parler pollution automobile, se voit privé de parole dès qu'il évoque également la pollution agricole[1]. Un agriculteur asperge toujours plus que pas assez. Tout le monde parle du CO_2 mais l'épandage d'engrais, en activant le cycle de l'azote, dégage du protoxyde d'azote N_2O en quantité incontrôlée, dont chacune des molécules équivaut à 298 molécules de CO_2. Il reste dans l'air 114 ans, le CO_2 n'y séjourne que deux ans.

Le travail agricole est aujourd'hui 4 fois plus productif qu'en 1970 : nous sommes passés de 54 calories produites par calorie/homme investie à 210 calories aujourd'hui. Ce saut de productivité réclame beaucoup d'énergie. Les professeurs Pimentel de Cornell University nous démontrent[2] qu'il faut désormais 23 200 calories pour produire un steak de 180 g (200 calories) et 3 687 calories

---

1   Arte, 20h10, *28 minutes*, 23 mars 2015
2   M. & D. Pimentel, *Energy Use in Agriculture* (1998)

pour produire les 80 g de petits pois qui l'accompagnent (117 calories). Désormais nous mangeons du pétrole.

DÉSERTER AVEC LES FLEURS

Aujourd'hui le climat est la nouvelle guerre. Il ne s'agit plus d'une guerre mondiale, une guerre entre hommes. C'est la première guerre planétaire dont l'homme est une victime collatérale parmi d'autres. Depuis une usine, un bureau, l'impact n'est pas toujours évident. L'homme a déclenché cette guerre par inadvertance, comment pourrait-il se sentir concerné? Une nouvelle extinction générale des espèces? Trop facile. Après quelques charrettes d'espèces condamnées, les effets dévastateurs sur les populations humaines ne tarderont pas à mettre tout le monde au diapason. Notre espèce est en jeu. C'est la première guerre qui ne tolère plus la neutralité. Nous abordons ce tournant décisif, les yeux encore embrumés des rémanences des conflits du XXe siècle pour maîtriser les sources d'énergie, de conquêtes de territoire à la mode de grand-papa, brandissant çà et là les oripeaux médiévaux sacrés pour justifier la terreur. La source d'énergie change et ces guerres n'ont plus lieu d'être.

La connaissance de la vie du sol a été totalement occultée de mon apprentissage de biologiste en France, j'ai dû la chercher aux États-Unis et en Angleterre. C'est comme si officiellement le sol français était un substrat inerte. Un comble pour tant de bons vins et de fromages, fruits de l'art de micro-organismes apprivoisés par des savoir-faire millénaires. Comme si l'agriculture n'était plus que l'œuvre de l'industrie chimique, appliquée par des techno-serfs et complémentée au soja transgénique sud-américain, dont nous sommes les plus gros importateurs. Nous Français finançons la coupe de la forêt amazonienne, le poumon de la planète, pour nourrir des vaches d'une façon tellement inadaptée que nous devons les soigner avec toujours plus d'antibiotiques.

Les plantes sonnent l'alarme. Elles me dévoilent les bouleversements climatiques dans mes missions sur la biodiversité au Congo, en Argentine, en France, en Espagne : des plantes du Sahel commencent à apparaître en pleine forêt d'Afrique équatoriale humide. Les graminées du Sahara sont bien installées en Murcie espagnole. Elles délaissent leurs terres méridionales pour pulluler au Nord, dans le Var ou en Bourgogne. Le grand jardinier s'emmêle-t-il les pinceaux ? Un front du climat est en train de se constituer. L'Inde, l'Europe remontent des murs pour empêcher les plus pauvres d'envahir leurs faubourgs.

Tous les jours des solutions nouvelles sont proposées et si peu d'action... Dépité, je me réfugie dans la botanique : la science du dilettante érudit, considérée comme des plus inutiles. Pour parfaire cette fuite hédoniste, je lui allie la gastronomie la plus éloignée des contingences modernes : manger des mauvaises herbes. Non seulement je me suis trouvé bien mieux nourri, mais me voici désormais en possession d'un savoir qui m'oblige : la fleur pour arme, une alliée qui met le doigt sur la terre et me la décrit dans son intimité la plus profonde. Une fleur se contemple, se sent, elle conte fleurette, elle séduit... Très vite une relation de science exacte se développe, qui, jour après jour, se vérifie sur le terrain par l'étude écologique, comme au laboratoire par la biochimie et la microbiologie cellulaire.

Cette biologie se révèle au service de la vie, particulièrement adaptée pour répondre aux défis climatiques et aux enjeux de développement. Pour le climat, chaque geste compte, les actions de chacun. Seulement il y a des lieux où le levier sur le climat est plus puissant, plus rapide qu'ailleurs : plus d'eau, de chaleur, d'énergie, tout y pousse plus vite, plus de minerais et de pétrole, de polluants potentiels. Le bassin du Congo est le deuxième plus grand bassin versant au monde, une forêt humide précieuse en danger. Je m'y consacre désormais, ne vous étonnez pas de le voir parfois pousser au travers de ce manifeste.

SARAJEVO MON AMOUR

Cette histoire débute à Sarajevo, où Gavrilo Princip tue François-Ferdinand en juin 1914 et déclenche la folie générale. C'est ici que démarre la mondialisation du siècle du pétrole. Quatre-vingts ans plus tard, la ville renoue avec la tragédie et subit le plus long siège de l'histoire, de 1992 à 1995 : une Troie moderne, sans dieu, ni héros. Ce que l'on oublie de dire, c'est que cette population prise en otage doit sa survie à 91 plantes sauvages[3]. Elles ont complété les tristes rations de l'aide internationale. Ces fleurs, sources de vitamine, de nourriture fraîche, rappellent aussi l'homme acculé, la balle du sniper qui emporte l'ami allé remplir les jerricanes d'eau. Elles réveillent tous les sons de l'obus qui va tomber on ne sait où. Le sauvage a été enfoui avec la mémoire violente mais il repousse toujours sur les décombres de la civilisation, pour sauver l'homme blessé, affamé. Ce cas extrême de service rendu à l'homme par le sauvage nous dévoile le rôle véritable des fleurs dans l'évolution. Mieux comprise, leur action peut devenir un excellent outil d'information, fin et précis, pour anticiper la dynamique du vivant et son évolution.

Les fleurs aspirent aux rencontres fécondes. Cent cinquante millions d'années avant nous, elles inventent une chose géniale : la graine. Non seulement celle-ci nous permet de « casser la graine », mais c'est pour les plantes le moyen d'attendre le bon moment pour démarrer dans la vie : sortir de leur dormance et pousser. Ces conditions sont gravées dans leur A.D.N. Un peu partout sur Terre, des milliards de graines attendent chacune le signal pour se réveiller. Il suffit d'inverser ce principe pour que tout d'un coup cela devienne un langage. Chaque fleur qui sort de terre nous décrit les conditions du sol et sa dynamique. La terre nous parle, des fleurs plein la bouche.

---

3   S. Redžić, « Use of Wild and Semi Wild Edible Plants in Nutrition and Survival of People in 1430 Days of Siege of Sarajevo during the War in Bosnia and Herzegovina (1992-1995) », *Collegium Antropologicum* 34 (2010), 2:551-70

Avec le botaniste Gérard Ducerf, la botanique s'est tout de suite révélée bien différente de ce que l'on voulait me faire croire à l'université. Cet ancien agriculteur bourguignon questionne les plantes, leur biotope originel, enquête sur leur caractère indicateur de l'environnement. Avec Gérard, nous avons multiplié les expériences de terrain sur tous les horizons de la planète. Jusqu'à comprendre que je pouvais me passer de prélèvements, du microscope et du labo, pour saisir la dynamique du sol par ce que m'en dévoilent les plantes, la vie ; un peu comme Curnonsky, le prince des gastronomes traversant le Bugey, jette à la cantonade devant une nature si généreuse : « Oh la belle assiette ! » La terre ne ment pas. La fleur nous informe de son état et des possibles, pour y remédier ou faire avec. Une fois la raison de sa pousse disparue, elle n'a plus lieu d'être. Elle fait sa graine et attend le beau jour.

Pendant le siège de Sarajevo, les fleurs font sur le sol exactement la même chose que sur l'homme qui les mange. Elles apportent la nourriture et les remèdes. La planète s'adaptera toujours aux changements que nous lui faisons subir. Mais nous sommes moins souples. Nous avons inventé les sciences de l'écologie pour étudier comment y arriver nous-mêmes. Et voici qu'en ce début de millénaire, nous nous découvrons comme le pur produit du sauvage, formés d'autres êtres, de bactéries et mycorhizes alliées par des millions d'années d'expériences partagées. En 2005, les chercheurs lâchent le terme de « biome » humain. Nous ne sommes plus seuls dans notre corps. Cette faune et cette flore formeraient 90 % de notre corps... Nous voilà finalement dans une situation de biodiversité similaire à celle d'un sol vivant. Après la recherche spatiale, quelle exploration plus fascinante ? Sur ce territoire, les plantes ont continuellement été à nos côtés, elles ont tant de solutions à nous fournir. Voici pourquoi j'ai choisi d'agir la fleur au fusil.

CHAPITRE **1**

Les fleurs et la guerre

Les fleurs sauvages comestibles, nourriture des 1 430 jours du siège de Sarajevo

Sarajevo, quatre années de siège, une population affamée, martyrisée sous les bombes, cible des snipers, pour en finir avec la diversité des cultures, éliminer celui qui ne croit pas de la même manière. Les survivants doivent tenir bon. Bien sûr il y a les rations alimentaires envoyées par la communauté internationale. C'est tellement mauvais. La même chose tous les jours, pendant quatre ans. Même s'il s'agit de survie, on en perd son humanité. « Dis-moi ce que tu manges, je te dirais qui tu es » nous dit Brillat-Savarin. Plus de vitamines, plus d'entrain, restent la déprime... et ces plantes sauvages qui ont depuis longtemps disparu des assiettes, souvenirs d'une époque barbare effacée par la modernité des Jeux Olympiques d'hiver, Sarajevo 84. La peur au ventre, les assiégés sont forcés d'y revenir. Une déchéance ultime : on ne se vante pas de vivre comme des poulets. Pourtant, grâce aux plantes sauvages, il est encore possible de résister, quand tout semble perdu. Elles sont la fraîcheur, le goût de la vie, sa force. Elles font davantage que nourrir. Sans le dire, elles entretiennent la flamme, la confiance en soi.

LE TUSSILAGE, LA PLANTE QUI POUSSE DERRIÈRE LES OBUS

Le tussilage est la première fleur à pousser juste derrière l'obus. « Tu l'appelles comme ça ? On en mangeait tout le temps pendant le siège : cuit, cru, haché... Je me souviens, on en roulait des cigarettes même. » La simple évocation de cette herbe grisée de velours voile un instant le regard de Boba au milieu de l'effervescence de la ville. Le tussilage exprime cette fabuleuse force de résilience de la nature. *Tussilago farfara* : *Tussilago*, « fait fuir la toux » en latin, et *farfara* car c'est la première pousse sur la terre battue après les ruades d'un jeune poulain fou. *Farfara* fait écho au chaos incommensurable laissé par un farfadet farfouillant furieusement le sol. Le tussilage apparaît le premier dans les montagnes de Sarajevo. Il perce la neige qui fond après l'avalanche. Ses fleurs sortent directement de terre, bien avant les feuilles. Elles sont l'espoir du premier rayon de soleil, juste au moment où nous baissons la garde pour retirer une couche de laine. La plante encourage notre grand optimisme et nous préserve de la toux.

Il n'y a jamais eu autant de tussilages que pendant le siège de Sarajevo, grâce aux obus. Il fournit une nourriture sûre, toute l'année, tant qu'il ne gèle pas. Son mucilage, comme une sève épaisse et translucide, est un sucre rapide et nourrissant, doublé de vitamine C et d'un florilège de sels minéraux. Parmi ces sucres assimilables immédiatement, dans l'urgence, le rhamnose. C'est le plus rare des neuf sucres de base de la création. Il permet aux cellules d'absorber illico toutes sortes de nutriments, tellement vite que le virus de la peste s'en sert de passe-muraille pour tromper la vigilance des garde-fous immunitaires. Le tussilage réveille la vie en commençant par le sol, la peau de la terre (il fait de même avec la peau de l'homme – en cosmétique, c'est l'anti-rides absolu, capable de gonfler une ride en un clin d'œil). Une fois cueilli, tant que le sol est encore délié comme du sable, son travail n'est pas terminé, il repousse. C'est la plante des dégringo-lades, des blocs qui éclatent en poussière sous les bombes. Elle vient sauver l'homme qui s'effondre.

Comme pour pallier le manque de goût du tussilage, l'*Achillea millefolium* lève sur un peu de terre stabilisée. La plante d'Achille qui cicatrise les blessures, a le goût du laurier. En l'associant à la pâte de tussilage, avec un soupçon de sarriette des montagnes bosniaques et quelques raisins secs, on en fait des petites boulettes roulées dans la farine de rhizome de chiendent. Ces boulettes rappellent les recettes des moines pour le Carême, pour remplacer les classiques à la viande. Linnée a baptisé la sarriette *Satureja montana*, la « plante des satyres de montagne », sûrement parce qu'elle neutralise les plus dangereux microbes. Son huile essentielle est un antibiotique tellement efficace, que surdosée, elle peut tuer un homme. Une infusion ou un frottement de plante fraîche suffisent à stopper la purulence. Nombre de soldats lui doivent leur salut – ainsi qu'à la lavande vraie. En temps de guerre, la cuisine nous rappelle à notre humanité, même si pour cuire ces boulettes, il faut sacrifier les livres, feuille à feuille, l'ultime combustible de ces quatre années d'enfer.

LE MILLEPERTUIS EN PREMIÈRE LIGNE

Tussilage, achillée, sarriette... les plantes pionnières des champs de bataille comptent aussi le millepertuis, dont le nom fait référence à ses mille alvéoles remplies d'essence médicinale. Macéré un mois au soleil dans l'huile, c'est le remède des membres écrasés par les chars, compressés sous les décombres. Il figure en bonne place dans la pharmacopée de fortune. C'est aussi l'huile rouge, qui calme et soigne immédiatement les brûlures. Le millepertuis est encore une plante de gourmet. Il a ce goût d'Orient qui déclenche la nostalgie du vieux Sarajevo. C'est une saveur proche de celle d'un encens rare, entre celle du *louban* de la reine de Saba et celle du mastic du pistachier lentisque de la plaine de la Bekaa, la Vallée des larmes. C'est aussi celle de l'ancienne Bosnie où, de la Drina à la Miljacka, les rivières bosniaques mêlent les eaux ottomanes, serbes, austro-hongroises aux goûts, aux rêves et aux croyances démesurés, entre l'Orient et l'Occident. De tels endroits sont contagieux de culture, de liberté. À Sarajevo, pris de vertige, les Autrichiens ont senti le besoin de tracer une ligne sur le sol, dans la pierre, pour marquer là où commence le monde austro-hongrois. Sans le savoir, ils ont posé le premier méridien de la douleur, une ligne de décalage de la pensée qui sera inaugurée dans le sang de François-Ferdinand assassiné, détonateur de la guerre de 1914. Ce fuseau horaire des cultures est un prétexte pour tous les profiteurs, l'amorce de toutes les idées radicales. Quel mal de crâne. Le millepertuis est justement là pour cela. C'est la plante qui soigne la dépression, la fleur de la schizophrénie. *Hyperikon,* son nom scientifique c'est « hyper image », au-delà de l'image.

Linnée, en nommant la plante, désignait l'image et son double, car derrière la plante, il y a l'idée. Cette fleur de juin s'adresse au délire qui remplace peu à peu la réalité. Parascelce disait au XVIᵉ siècle : « Elle ramène le soleil dans la tête des mélancoliques ». En temps de guerre, aux heures les plus sombres, cette fleur est vitale. Pour une armée, elle est un véritable « couteau suisse » de la pharmacie : antivirale, antibiotique, vermifuge intestinal, cicatrisante, antidouleur... Des siècles d'utilisation justifient les recherches des laboratoires sur chacune de ses molécules. C'est tout juste après la levée du siège de Sarajevo que le *British Medical Journal*[1] reconnaît au millepertuis une efficacité supérieure et sans effets secondaires à celle de la fluoxétine, contenue dans des antidépresseurs de type Prozac™. La vente de millepertuis augmente de 2 800 % dans l'année. La fleur a subi les attaques des lobbies industriels qui ont tenté de l'interdire par tous les moyens. Leurs arguments ont tous été déboutés par la science. Les actifs du millepertuis se dégradent totalement, contrairement à la fluoxétine des médicaments de synthèse qui persiste et se concentre dans les boues d'épuration des centres de retraitement des eaux. Elle s'y combine aux médicaments qu'il n'est absolument pas recommandé de consommer sous tranquillisants. Pour nous le danger n'est pas immédiat, ce sont les vers de terre qui se délectent de ces cocktails médicamenteux. Avec les hormones de synthèse, ils prennent des tailles considérables et attirent tous les oiseaux alentour. Un terme anglais décrit précisément ce type de goinfrerie inconsidérée, *gallimaufry*, une vieille expression de l'ancien Picard, rapportée de la bataille de Crécy traduite par « goinfrerie à la gauloise ». L'appétit hexagonal de médicaments se déverse dans la nature. Le ver de terre est hermaphrodite, mais dans les rivières, les poissons naissent femelle en raison de la concentration des hormones de synthèse de l'eau, ce n'est

....

1   Dr Linde, « St John's Word for Depression — an Overview and Meta-Analysis of Randomised Clinical Trials », *BMJ* (1996), 313 p. 253

plus un secret pour personne. Chez l'oiseau, l'appétit se dérègle. Le sansonnet qui se nourrit beaucoup le matin, peu à midi et modérément le soir, une fois sous influence des médicaments des stations d'épuration, se nourrit toute la journée en quantité bien supérieure. Il perd l'acuité de son instinct et devient une proie facile[2]. La fleur remplace ces molécules de synthèse à merveille. Tant que nous ne savons pas éliminer ce qui tue notre nature, mieux vaut éviter de l'utiliser.

LE CANNABIS, SOUPAPE DE LA GUERRE

Un jour, après trois ans de siège, comme par miracle, un obus fait sortir des plaies béantes de la ville des bouteilles de champagne et des boîtes de foie gras. Cette obscénité dans ce magasin d'abstinence ébranle toute l'humanité enlisée dans la barbarie. Manger est un acte social fondateur. Boba et ses amis se passent le mot. En un instant, la bande de copains, smokings et robes de bal dépoussiérés, se retrouvent pour un cocktail au Top, le point culminant de Sarajevo, au plus près des avant-postes des canons, à la barbe des snipers qui les entourent. Entre ne plus être homme et mourir... après trois ans de roulette bosniaque... les snipers sont les mêmes, certains ont peut-être reconnu des copains. Aucun tir ce jour là.

C'est peut-être aussi à cause du cannabis?

L'horreur au quotidien du siège produit un trouble de stress post-traumatique permanent. Les habitants de Sarajevo sont ultra-vigilants, le système nerveux central hyper-sollicité, prêt à sauter à tout moment, à se dissocier et basculer hors de la réalité. Rien d'étonnant alors à ce que pendant la guerre tout le monde se soit mis à cultiver et fumer de l'herbe. Car si l'homme

---

2   Bean et al., «Behavioural and Physiological Responses of Birds to Environmentally Relevant Concentrations of an Antidepressant», *Philosophical Transactions of the Royal Society* (2014), B369: 20130575

produit ses propres cannabinoïdes[3], ses défenses ne tiennent pas longtemps le coup face aux atrocités subies.

Voilà une autre chose étonnante : avant la guerre, ceux qui fumaient de l'herbe étaient rares ; pendant, presque tout le monde s'y est mis. Et après ? Les survivants ont pratiquement tous arrêté la fumette, comme ils ont arrêté de consommer des plantes sauvages.

Une affinité d'urgence s'est installée avec le chanvre indien. Le professeur David Nutt de l'Imperial College à Londres, le démontre[4] depuis 2001 dans ses recherches pour sauver de la démence et du suicide les vétérans d'Afghanistan et d'Irak. Le L.S.D., la psilocybine, le THC arrêtent les fonctions du cerveau qui surchauffent et permettent au patient de souffler pour retrouver un comportement plus calme. Les zones de coordinations fonctionnelles du cerveau sont débranchées un instant pour donner des libertés au temps, à la vision, à la motricité, relâcher la pression de l'adrénaline. La réalité se déforme et la pensée s'échappe de la contrainte. La survie est en jeu : les fonctions vitales sont préservées du collapse total du cerveau.

Aujourd'hui le cannabis est la base d'un médicament qui

....

3   Au début du siège, en 1992, l'équipe du professeur Raphael Mechoulam découvre que l'homme produit ses propres cannabinoïdes. Il les nomme « anandamides », du sanskrit *Ananda*, « béatitude ». Ils sont produits à partir des oméga-6 polyinsaturés, l'acide linoléique qui se transforme en acide arachidonique, puis en anandamide dans le cerveau. C'est un actif essentiel du contrôle de la douleur, pour les joggers par exemple. C'est aussi lui qui permet à l'embryon de s'attacher à l'utérus, ce qui est intéressant et logique finalement. La carence en anandamides résulte en une incapacité à gérer la souffrance ou en des réactions hystériques désemparées. Il participe aussi au système qui organise la récompense et le plaisir que nous donne la nourriture ou l'addiction. Il y en a dans le cacao par exemple.
4   David J. Nutt et al., « Drug Harms in the UK : a Multicriteria Decision Analysis » *The Lancet* (nov. 2010), pp. 1558-1565

stoppe la prolifération des cellules cancéreuses du sein[5]. En Israël et aux États-Unis, il est employé contre la douleur, les maladies de Charcot, de Parkinson, le syndrome de la Tourette, l'épilepsie chronique et le stress post-traumatiques[6]. À Sarajevo, après le siège, les habitants ont tous ont arrêté de fumer, démontrant bien que l'addiction n'est pas due à la drogue, mais à l'environnement, au traumatisme, à la cage dans laquelle se trouve l'homme. Il faut aussi préciser que le cannabis avec ses 5 % de THC de Sarajevo, n'a plus à rien en commun avec la *skunk* d'aujourd'hui qui dépasse les 15 %. Un abus provoque la schizophrénie[7]. Pour en avoir la preuve, il faut observer la toile tissée par une araignée sous cannabis devenir un chaos sans nom.

LA GRANDE BERCE ET SA RÉPUTATION LÉGÈRE

Dans les rues de Sarajevo qui descendent du Top, juste avant les portes des murailles de la ville, pousse la grande Berce, *Heracleum sphondylium*. Борщевик en serbe ou *barszcz* en polonais. La fameuse soupe slave, c'est elle – ou plutôt ça l'a été, car à moins d'avoir envie de subir les assauts des Russes, des Ottomans, des Austro-hongrois, une plante aphrodisiaque pour plat national (le bortsch) n'est pas la meilleure idée. Elle a été remplacée par la betterave qui calme les ardeurs. Mais la berce mérite-t-elle sa réputation sulfureuse ? Un aphrodisiaque tente d'équilibrer les sens, sans que l'un n'étouffe l'autre, surchauffe et bloque

---

5   A. Ligresti et al., « Antitumor Activity of Plant Cannabinoids with Emphasis on the Effect of Cannabidiol on Human Breast Carcinoma », *Journal of Pharmacology and Experimental Therapeutics* (sept. 2006), pp. 1375-1387

6   L. Velayudhan et al., « Therapeutic Potential of Cannabinoids in Neurodegenerative Disorders », *Current Pharmaceutical Design*, (avr. 2014), pp. 2218-2230

7   Y. Morita et al., « New Perspectives in the Studies on Endocannabinoid and Cannabis : Cannabinoid Receptors and Schizophrenia" *Journal of Pharmacological Sciences* (2004), (4) pp. 376-381

le cerveau par trop d'excitation. Les graines de berce ont un goût de mandarine confite épicée. Elles se vendent au Markale, le marché central de Sarajevo, pour aromatiser le riz ou la soupe de boutons d'hibiscus. Elle couvre les plats pour fêter le solstice d'hiver, la nuit la plus longue, ou un mariage. Cette plante sauvage est un symbole oublié des traditions mêlées de Sarajevo : une gastronomie de la communion, de la sensualité et du sens. La légende veut que le premier herbicide ait été inventé pour l'éradiquer. À l'époque victorienne, la berce était la nourriture des pauvres. Éliminer la plante lubrique était peut-être la solution pour limiter le développement de la pauvreté. La chimie n'était pas encore une industrie, tout juste une distraction d'apothicaire. Il lui faut un coup de pouce : on s'attaque à la réputation de la fleur. Elle doit dorénavant engendrer méfiance, doute, telle une compagne de la mort. La confusion avec sa cousine du Caucase, toxique, suffit. C'est une curiosité spectaculaire de jardins botaniques, on ne peut la manquer, elle prend facilement quatre mètres en hauteur. Son nom scientifique, *Heracleum mantegazzianum*, vient du Dr Mantegazza qui nous a laissé la *Physiologie du plaisir,* sur le schéma de la célèbre *Physiologie du Goût* de Brillat-Savarin. Dans l'Angleterre de la seconde moitié du XIXᵉ siècle, parler du plaisir sous des atours scientifiques, c'est faire l'apologie de tabous dangereux pour la stabilité sociale. La plante est toxique rien qu'en la touchant. Elle a été dispersée hors des jardins précieux et la confusion a finalement rendu tout le genre suspect, «mauvais genre», la famille des *Apiaceae* au complet, les carottes, le persil... ayant tous plus ou moins des effets photosensibles sur la peau de l'homme. Pourtant il est difficile de confondre la grande berce toute poilue, qui n'atteint pas plus de deux mètres, avec la berce du Caucase géante, aux feuilles luisantes totalement imberbes.

L'ORTIE «LOCAVORE» RETISSE LE LIEN SOCIAL

Les orties (*Urtica dioica*) sont les plus connues des plantes sauvages qui sauvent de la famine et de la guerre. Pendant le siège de Sarajevo, ils étaient rares, tellement reconnaissables, cueillis à peine en pousse. Nourriture de la douleur, associés à l'abstinence, aux moments difficiles, on oublie que les orties font grossir. Padmasambhava, le fils de la fleur de lotus, qui mena le bouddhisme au Tibet au VIIIe siècle, en dévore. Ses effigies sont toujours bien potelées. Autre utilité de la plante : ses fibres creuses et isothermes produisent un tissu rêche et très résistant, que les tisserands anglais de la fin du XIIIe siècle rendent brillant et lisse comme la soie par quelques coups de peigne. En l'adoptant, Robert Loxley, plus connu sous le nom de Robin des bois, lance une véritable mode « locavore ». Le vert Lincoln, ou vert anglais, la couleur de la panoplie du justicier est obtenue à partir d'une teinture réalisée à partir des racines de deux plantes comestibles : le pastel (bleu) et le réséda (jaune). C'est un véritable acte politique qui permet de recentrer l'économie localement, les nobles abandonnant la soie pour l'ortie et les plantes comestibles tinctoriales qui sont à l'origine de la richesse du Yorkshire, de la révolution industrielle, comme de celle de la région toulousaine en France. Le réséda, qui pousse à Sarajevo dans les mêmes sols que le tussilage et l'achillée, a un goût de câpre moutardé, ce qui en fait l'un des nombreux condiments épicés, comme l'aneth, qui insufflent l'exotisme oriental dans la cuisine du Nord. Les soldats de la Wehrmacht partis en juillet 1942 à la bataille de Stalingrad pour sécuriser les champs de pétrole du Caucase, ont pu résister, en partie, au terrible hiver 42 avec leurs uniformes d'été, parce qu'ils étaient en ortie, une fibre qui isole du froid bien mieux que le coton ou la laine. L'intérêt de l'ethnobotanique est de comprendre toute l'intelligence de ces plantes locales par la connaissance de leurs usages artisanaux et culinaires, mais aussi leur rôle sur le sol et la santé. Choisir une plante par rapport à une autre – le coton par rapport à l'ortie –, c'est faire le choix d'une plante très consommatrice en eau et en chaleur aux dépends d'une autre plante qui consomme très peu d'eau tout en dépolluant les sols de leurs excès de nitrate, qui pousse dans les pays froids, fournissant une alimentation très nutritive pour l'homme comme les animaux. L'ortie, la plante de Robin des Bois, qui a créé une économie et un lien social pour sortir de l'oppression, fait partie des plantes qu'il faut reconsidérer au moment où l'on cherche des solutions pour le réchauffement climatique.

LA PARIÉTAIRE, LES *AMARANTHACEAE*, LES FLEURS LES PLUS NOURRISSANTES SORTIES DES SOLS LES PLUS PAUVRES

Les murs de Sarajevo sont couverts d'autres *Urticaceae*, la famille des orties, comme les pariétaires (de *paries,* « mur » en latin). Elles se nourrissent de cailloux et de l'azote fort, des fientes d'oiseaux ou du guano de chauve-souris. Pendant les quatre années de siège, elles ont été une source de protéines précieuse pour les habitants. Les pariétaires aident également à assimiler la silice aux multiples vertus pour les ongles, les cheveux, les os. Elles cassent aussi les cailloux qui s'accumulent dans les reins et la vessie. Les plantes sont des régulateurs, non des médicaments. Elles exercent leur action sur le long terme en recherchant un équilibre continu de la santé par l'alimentation quotidienne, au lieu d'agir tel un médicament-pompier après l'arrivée du mal. La pariétaire fait partie de ces plantes dont l'observation peut nous mettre sur la piste de ce qu'elle peut nous apporter. Les pariétaires sont des orties qui ne piquent pas. Seulement au printemps, elles se signalent tout de suite par leur pollen, très irritant, qui est la cause principale des rhumes des foins. Les médecins de l'hôpital de Valence et de Murcie en Espagne, de Gènes en Italie, se sont rendu compte qu'en administrant l'extrait de pariétaire, le rhume des foins disparaissait dans 90 % des cas[8].

Cette éclosion progressive du jardin de guerre qui jaillit peu à peu derrière les obus de Sarajevo, culmine avec l'apparition

8   Bagnasco et al., « Absorption and Distribution Kinetics of the Major *Parietaria Judaica* Allergen (Par J 1) Administered by Noninjectable Routes in Healthy Human Beings », *Journal of Allergy* (Juil. 1997), vol. 100, Is. 1 pp. 122-129

des chénopodes et des *Amaranthaceae*. L'Organisation mondiale de la santé leur décerne tous les records : ils sont aussi riches en protéines que la viande de bœuf et contiennent deux fois plus de calcium que le meilleur lait de vache. Comme les orties, les chénopodes poussent partout où se retrouve l'azote des déjections animales, mais se contentent de terres bien plus pauvres, plus remuées. Ils sont le symbole même de la sécurité alimentaire d'une planète dont les sols sont mis à mal. Pourtant ils sont totalement sortis des habitudes alimentaires modernes. En France, Marie de Médicis les fait disparaître en lançant la mode des épinards et conquiert les estomacs français avec de nombreux légumes italiens, dont la culture demande beaucoup d'efforts. Dommage, car les *Amaranthaceae* poussent tout seuls et leur goût de noisette fait merveille en salade. À côté des amarantes et des chénopodes, lorsque l'eau stagne par endroit, pousse l'égopode (« l'herbe à la goutte ») qui apporte un peu de légèreté avec ses notes de céleri et de carotte. Mais à Sarajevo, l'herbe à la goutte s'épanouit à un seul et unique endroit, autour des tombes cossues du grand cimetière d'Alifakovac qui domine la rive sud de la ville. Car la terre y est riche des derniers restes des hommes puissants et gourmands qui en ont fait leur dernière demeure – et l'égopode vient à point nommé aider le sol à digérer tout ce sucre dont il a hérité. Ce que la plante fait pour l'homme, elle le fait aussi pour le sol.

Les fleurs de l'armée

IMMORTELLE, CONYZA ET MYRTE : LES PLANTES QUI VOYAGENT DANS L'INTIMITÉ DU SOLDAT

Quelle émotion de se retrouver nez à nez avec des plantes méditerranéennes à Kalimpong, en Inde, au portes du Bhoutan, ou plus haut au Sikkim, à deux pas du toit du monde. Plus loin, les habitants du Ladakh récoltent une immortelle d'Italie de grande qualité sur les contreforts des sources de l'Indus pour en extraire l'huile essentielle qui fait disparaître coups et bleus quasiment à vue d'œil. Comme nous, ils l'appellent «plante à curry», ce qui lui assure toute sa légitimité indienne. Il n'en demeure pas moins que cette plante comestible est bien originaire du pourtour méditerranéen et sa dispersion coïncide étrangement avec le parcours des armées d'Alexandre. Mon maître, Théodore Monod, me disait toujours que les plantes voyagent d'elles-mêmes d'est en ouest. Dans le sens contraire, c'est l'homme – le soldat – qui, au gré de ses batailles, a décidé du parcours et de la destination des plantes dont il tire une utilité quelconque. C'est à se demander si la plante n'utiliserait pas l'homme pour se propager, si elle ne se rendrait pas utile à l'homme pour conquérir le monde...

Pour les soins, les armées de l'Antiquité emportent le strict nécessaire. Les herboristes militaires choisissent les plantes qui soignent à coup sûr, multi-usages et que l'on ne trouve pas partout. Aussi la pharmacopée se compose-t-elle de plantes sèches, onguents, potions, essences ou teintures, macérations dans le gras ou l'alcool... Ils prennent des graines pour les cultiver lors d'étapes ou de sièges prolongés. Quand les graines sont microscopiques, comme celles de l'Hélichryse, l'immortelle d'Italie, l'herboriste trimbale des pots de plantes fraîches ou des boutures qu'il cultive, dont les futures pousses assureront le confort quotidien. Parmi celles-ci, le Conyza, qui éloigne les puces des couches des soldats d'Alexandre. Les Grecs anciens appelaient cette plante «*konops*» du même nom que les puces. C'est l'origine de son nom scientifique: *Conyza canadiensis*. Il faut rappeler qu'avant que Linnée n'organise ces noms scientifiques au XVIIe siècle, il était impossible de savoir sérieusement de quelle plante il était question. Ce n'est pas un mot latin, celui-là est grec. Un nom scientifique emprunte son origine à toutes sortes de langues, arabe, sanskrit, français, saxon, celte... L'ail par exemple, *Allium*, que l'on pense venir du doux climat latin, a pour racine *All*, signifiant «piquant» pour un guerrier celte. Autre plante himalayenne amenée par la traîne des armées du grand conquérant, le myrte qui remplit toutes sortes de fonctions essentielles : il désinfecte, cicatrise, empêche les intoxications alimentaires des nourritures exotiques. Il a un rôle essentiel pour l'armée. Ses feuilles tressées en couronne honorent le soldat méritant – c'est la plante de l'ovation, car il est accompagné du sacrifice d'un mouton, un ovin, alors que le laurier, lui, est réservé au seul triomphe des rois et des césars et est associé au taureau. Le myrte calme aussi, il détend. Ses feuilles sont brodées sur l'habit des méritants et des académiciens de l'Ancien Régime – académiciens que Danton surnommait les « quarante somnolents ». Pourquoi ? parce que le doux parfum du myrte vous berce gentiment dans les bras de Morphée. En 1793, alors que l'armée vendéenne menace, la Convention, dans la même ordonnance, abolit l'Académie et la Loterie nationale, accusées de dévoyer les citoyens alors que la Nation est en danger. Les deux institutions renaissent de leurs cendres, ensemble, sous l'Empire. Les académiciens obtiennent par décret que ne soient plus brodés sur l'habit vert que des oliviers, réputés immortels et arbres de paix. Accompagné de la rose, le myrte rend hommage à Aphrodite. Ces deux plantes sentent bon, rafraîchissent. Pour les Grecs comme les Romains, elles indiquent les tentes des bordels qui suivent l'armée.

Toutes ces fleurs qui ont fait partie de l'intimité quotidienne du soldat, l'ont accompagné au cours de siècles de guerres et de déplacements de civilisations dans la conquête de nouveaux territoires.

LES SIMPLES, LA VIGNE ET LA PHARMACIE DE CHARLEMAGNE

Plutôt que de s'encombrer avec un tas de plantes sous formes diverses et variées qui se révéleront toujours insuffisantes sur le champ de bataille à l'heure de vérité, mieux vaut anticiper. Charlemagne crée la première « chaîne de pharmacie » européenne. Ordre est donné à chaque institution de l'empire, à chaque monastère de cultiver 94 plantes et arbres pour la nutrition et la santé des armées, et, entre deux campagnes, des administrés. Cette pharmacopée est décrite dans l'article 70 du capitulaire *De villis*, dont Charlemagne confie la rédaction à son poète de cour préféré, Alcuin de York. Ce véritable manifeste médical européen se compose des mêmes plantes que celles que Dioscoride, le médecin des légions romaines d'Anatolie, inventorie dans *De materia medica* (*Sur la matière médicale*), publié en 70 de notre ère. Il s'agit de standardiser l'ordre et la gestion impériale de Hambourg à Barcelone, d'Aix-la-Chapelle à Rome. Partout où l'armée se projette, elle peut compter sur la nourriture, les soins, les montures et l'ordre carolingien. Ce sont les années 790, marquées par des étés de sécheresses, de disettes, qui déclenchent la rédaction du texte dont la version définitive est remise à Charlemagne le 4 juin 800. Il faut attendre la grande famine de 808 pour que ce capitulaire soit imposé à l'ensemble de l'empire.

Dans le cercle restreint des amis de Charlemagne, Alcuin est surnommé « Flaccus », comme le poète Horace qui nous a laissé l'adage rabelaisien *Nunc est bibendum*, « Et maintenant buvons ». Le capitulaire *De villis* instaure la culture de la vigne dans toute l'Europe carolingienne. Les meilleurs vins européens, pour lesquels les moines sont aux petits soins, naissent à ce moment. Mais c'est bien plus tard que la viticulture deviendra fille de guerre, lorsqu'il s'agira de faire « pisser la vigne » pour des causes moins nobles : en 1870, la IIIe République se fixe pour objectif d'établir trois débits de boisson pour cinq immeubles, afin d'abreuver la main-d'œuvre de la révolution industrielle, dans la complaisance ambiante et le sacrifice de générations d'ouvriers dénoncés par Zola dans *L'Assommoir*. En 1914, le père Pinard inonde les tranchées pour soutenir le moral des poilus et la fierté nationale face aux boches buveurs de bière, tandis que le vin Mariani, très goûteux, mélangé avec la cocaïne, est fortement encouragé parmi les troupes jusqu'en 1916.

La vigne patientera donc quelques siècles avant de devenir une plante stratégique de l'armée. Quoique... L'instauration du capitulaire *De villis* coïncide avec les premières invasions normandes qui contribueront à la fin de l'empire. L'une des armes secrètes des Normands était le régiment des *Berserkir* de Harald, qui tombaient la cotte de maille pour charger l'ennemi nus, couverts d'une simple tête de loup, en transe, gavés d'alcool et d'amanites (*Amanita muscaria*), les champignons hallucinogènes. Mettons toutefois un peu d'eau dans notre vin : ce peuple belliqueux, sous l'emprise de la vigne, signera également en Sicile des splendeurs telles que la chapelle Palatine de Palerme qui n'a rien à envier à celle d'Aix-la-Chapelle. Les mosaïques de la cathédrale normande de Monreale représentent des milliers de fleurs multicolores les plus diverses, soulignant l'importance que ces chevaliers victorieux portaient au langage des fleurs.

LES HERBES FOLLES DU CUISINIER HUMANITAIRE QUI NOURRISSENT L'HISTOIRE SANS OSER LE DIRE

Alexis Soyer, cuisinier français high-tech et designer, est l'inventeur, en 1837, du four à gaz et de la cuisine moderne (les cuisines du Reform Club de Londres, équipées des tout premiers modèles, c'est lui). Mais cet homme est surtout doué d'une conscience sociale et humanitaire. L'argent qu'il gagne en nourrissant les riches Londoniens lui permet de donner vie à ses convictions – nourrir les pauvres gratuitement, sauver les populations de la famine, prévenir la malnutrition. Les plantes sauvages comestibles seront son cheval de bataille, même si, étrangement, le chef se montrera assez discret sur ce point. Seul son *Pantropheon,* histoire de la nourriture au temps de l'Antiquité, y fera allusion – comme pour les labelliser de l'aura indiscutable des auteurs grecs et romains ; comme si le simple fait de mentionner des nourritures sauvages pouvait décrédibiliser son œuvre aux yeux du monde moderne.

Pour Soyer, rien ne se jette, tout se récupère, chaque morceau a l'étoffe d'une pièce de choix. Appliquant cette logique aux légumes, il ne fait aucune discrimination entre plantes cultivées et herbes folles. Il apprend à les connaître de lui-même par ses lectures botaniques. À 17 ans, il dirige Chez Douix, le plus fameux traiteur du boulevard des Italiens, une brigade de plus de 50 commis. Il serait le créateur de la fameuse «caille en sarcophage» qui inspire l'héroïne du *Festin de Babette* de Karen Blixen. La révolution de 1830 lui dévoile une France trop violente pour y laisser s'épanouir ses projets humanitaires. Il fuit pour Londres qui lui semble plus moderne. Il devient vite une personnalité incontournable de l'empire, allant jusqu'à organiser en 1837 le petit déjeuner du couronnement de la reine Victoria. Les reliefs du royal banquet, comme ceux des libations du Reform Club, iront nourrir les pauvres du quartier. Chaque année, Soyer prépare un repas de Noël gratuit pour 10 000 à 20 000 miséreux à Leicester Square. Pour combattre la grande famine d'Irlande, il invente ses *soup kitchens* qu'il met en place à ses propres frais dès le mois d'avril 1847 devant le fort de Dublin et en face du Trinity College. C'est un peu la cuisine des *Temps modernes* de Chaplin avant l'heure, mais elle fonctionne, celle-ci, en continu. Pas plus de deux à trois minutes de queue et les affamés sont repus en moins de dix minutes : ne pas perdre un instant pour sauver le plus grand monde possible. En quatre ans, il sert plus de 5 millions de repas. En période de disette, quand il n'y a plus de récoltes, que peut-on bien se mettre sous la dent ? les plantes sauvages (ortie, amarante, oseille, patience, maceron, goémon, criste marine, consoude, poivre d'eau...). Mais il ne faut surtout pas oublier d'y ajouter deux ou trois patates pour donner l'illusion d'une soupe classique. Car si les hommes découvrent que ce ne sont que des mauvaises herbes, ils se sentiront traités comme des animaux. C'est sans doute la raison pour laquelle Soyer, dans ses trois livres, *Le Régénérateur gastronomique, La Cuisine charitable de Soyer* et *Le Régénérateur du pauvre homme*, ne mentionne jamais les herbes folles. Au passage, l'influence de Soyer sur la culture anglaise de l'époque est telle qu'il est l'un des rares à faire rentrer, de son vivant, un mot de son invention dans l'*Oxford English Dictionary* : *magiric*, qui signifie «culinaire» (de *mageiros,*

« cuisinier » en grec), dévoile le sens profond de la cuisine qui atteint la magie lorsqu'elle sauve les affamés d'un coup de spatule *magirique* et délicieux.

En 1853, au tout premier article du *Times* traitant des horreurs de la guerre de Crimée, Soyer plie bagages et propose ses services à Florence Nightingale, la toute première infirmière de l'histoire en partance pour le front. Il organise les cuisines de l'hôpital de Scutari puis forme les cuisiniers de campagne. Il invente le « four de campagne Soyer » qui fonctionne à n'importe quel carburant et sera utilisé par l'armée jusqu'en 1945. À l'Hôpital général, il constate que les problèmes de santé des soldats commencent dans l'assiette et finissent dans le cercueil : aux victimes du champ de bataille s'ajoutent celles des épidémies (choléra, malaria, fièvre jaune, typhus), des diarrhées et intoxications alimentaires, qui représentent un cinquième des morts à elles seules. La solution est dans la nutrition, mais rien n'a vraiment été prévu. Dans ses mémoires de la guerre de Crimée, *Une campagne culinaire,* il évoque ça et là les bienfaits des produits de la cueillette. Discrètement, pour ne pas choquer le lecteur qui ne croirait jamais que la plus grande armée du monde pût être sauvée par de mauvaises herbes. Ici, c'est un colonel qui se régale de cressonnette (*Cardamina hirsuta*) et de fausse roquette (*Diplotaxis tenuifolia*) récoltées autour de sa tente ; là, c'est un régiment d'infanterie légère qui herborise avant un grand festin épicé d'artémise. Mais pas un mot sur les bienfaits des plantes, il ne s'agira que d'améliorer le goût du quotidien. Pourtant, le chef met toutes les troupes alliées au *French herb broth* (le bouillon d'herbes à la française) qui préfigure la fameuse soupe à l'oseille sauvage, icône de la gastronomie française. De retour du front, Soyer invente la ration du soldat en 1857. S'ensuivra une réorganisation totale des armées avec la création du *Royal Logistic Corp*, dont le service de restauration sera installé à la *Soyer house*. Les armées du monde entier en prendront de la graine. Malgré cela, Alexis Soyer, artiste cuisinier bienfaiteur de l'humanité est aujourd'hui oublié et la connaissance des herbes folles encore trop associée à un savoir futile.

L'INFIRMIÈRE NOIRE ET SES PLANTES CRÉOLES QUI SAUVENT LE GÉNÉRALISSIME DES ALLIÉS

Mary Seacole, métisse écossaise jamaïcaine, a été initiée par sa mère à la médecine des plantes de la tradition africaine en soignant les esclaves des plantations britanniques. Vers 1850, sa réputation est assurée dans les Caraïbes par tous les militaires et officiers de marine britanniques de passage à Panama qu'elle sauve de la fièvre jaune, de la malaria, du choléra et de toutes sortes de troubles digestifs. Aux nouvelles des désastres sanitaires de la guerre de Crimée, elle part pour Londres proposer ses services à l'état-major qui décline aussitôt son offre. Pour un militaire, la présence de femmes sur un champ de bataille est totalement incongrue – la distinction entre infirmière et cantinière-prostituée est un concept encore flou. Craignant de fragiliser sa position, Florence Nightingale refuse de recevoir cette « lazy creole ». Toutefois un homme accepte de s'associer à elle pour créer à Balaclava, le British Hotel, futur mess des officiers alliés du front et des reporters. L'établissement devient le seul endroit décent où l'on peut se détendre et noyer les horreurs des combats dans une coupe de vrai champagne. C'est là que Mary Seacole rencontre Alexis Soyer. Pour soigner les victimes du choléra qui décime les armées, elle invente la « potion créole de Ma' Seacole » et enseigne aux soldats le nom des herbes à cueillir pour confectionner eux-mêmes le breuvage. Lorsqu'il y a pénurie de médicaments à l'Hôpital général, son remède est plébiscité, même par les officiers, et sauve plusieurs membres de la famille royale. C'est ainsi que le prince George, duc de Cambridge, peut remplacer, à la tête de la coalition alliée, le généralissime, Lord Raglan, mort du choléra. Si elle reçoit – en petit comité – les mêmes honneurs que Florence Nightingale et bénéficie d'un fonds de soutien, ses talents n'ont jamais été reconnus à leur juste valeur et ses remèdes à base de plantes sauvages sont taxés d'imposture. *Les Merveilleuses Aventures de Mme Seacole* sont publiées dans de nombreux pays et obtiennent un réel succès. Mary Seacole perd sa fortune dans un mauvais investissement et termine sa carrière comme masseuse de la princesse de Galles, vivant dans une cabane en bois au fond du jardin d'une maison cossue de Paddington. Elle intègre les manuels de l'histoire britannique en l'an 2000 – seulement.

Les plantes ont toujours été présentes en temps de guerre comme lors des pires événements. Leurs incroyables bienfaits sont désormais validés, les uns après les autres, par la communauté scientifique. Malgré tout, ce savoir, et la médecine qui en découle, reste le recours des dernières extrémités. Cette gastronomie rejetée par les pauvres eux-mêmes est l'objet d'une certaine méfiance, associée aux expériences pénibles qui ravivent les blessures, l'humiliation. Il n'y a que les restaurants étoilés pour promouvoir cette mode de gourmets excentriques. Pourtant cette science des plantes devrait être enseignée en priorité à nos enfants pour leur apprendre à survivre. La sensation rassurante d'avoir la nature à ses côtés est une des clés de la confiance en soi. Une solution est toujours possible. Le récit des rencontres entre les plantes et l'homme déroule la liste des rendez-vous manqués par la médecine et la nutrition modernes. Les épices de Soyer font les potions de Ma' Seacole. L'*Artemisia*, en bonne place dans la pharmacopée africaine et la médecine traditionnelle chinoise, aromatise les soupes du chef londonien. Les réactions, comme celles de Florence Nightingale qui ne s'est jamais interrogée sur la façon dont Mary Seacole soignait ses patients, sont légion et parlent d'elles-mêmes. Les herbes folles ont beau avoir sauvé des centaines de milliers d'Irlandais, ces derniers les ont déjà oubliées. En 2015, le prix Nobel de médecine est décerné à des pharma-ciens qui ont extrait le principe actif d'une plante couramment utilisée depuis des millénaires (l'armoise, *Artemisia annua*) – cette même armoise avec laquelle au XIXe siècle Ma' Seacole fabriquait ses remèdes anti-malaria. Cette plante pousse dans un sol où s'acharne l'érosion. À Sarajevo elle apparaît partout où les obus reviennent continuellement. Le comité Nobel précise qu'il ne prime pas l'utilisation de la plante qui sauve, mais le fait d'en extraire son principe actif. La science moderne se sentirait-elle si vulnérable pour vouloir faire table rase de la sorte, ou bien faut-il y chercher des motifs d'ordre économique?

La fleur du secret et du pouvoir

LA FLEUR, DU SECRET DÉFENSE AU PARADOXE MÉDICAL

«[...] Si la situation tourne mal, il y a toutes sortes de plantes et d'herbes comestibles. Étudions la flore de Cuba, pour savoir quelles sont celles qui peuvent devenir des aliments en temps de guerre. Trouvez celles qui ne sont pas toxiques, qui peuvent nous servir.»[9] Voici comment Fidel Castro lance en 1986 le programme de coordination de l'Unité de systématique botanique de l'académie des sciences de Cuba avec les forces de l'Armée révolutionnaire. Loin de moi tout prosélytisme politique, il y a simplement de quoi s'étonner de ce très rare intérêt pour la botanique. Déjà en Birmanie, j'ai découvert que les botanistes étaient des militaires formés sur le terrain pour survivre lâchés en pleine jungle sans nourriture. Même le colonel ambassadeur à Paris, puis à Londres[10], est fin cuisinier et botaniste érudit.

C'est par la presse[11] en 2003 que j'ai appris l'existence d'un ouvrage militaire cubain sur les herbes folles comestibles. Aucun de mes amis sur place n'est arrivé à mettre la main dessus. Un livre de botanique, secret défense? Quelle blague! C'est devenu un temps un objet de fantasme à propos duquel je me renseignais

---

9   Comandante en Jefe Fidel Castro Ruiz (Dic. 9 1986, la Habana, durante ejercicio Bastión 86)

10   Son excellence Kyaw Zwar Minn

11   Madelaine Vázquez Gálvez, *Revista del Jardín Botánico Nacional* 24 (2003), (1-2): 17-22

épisodiquement sans vraiment y croire à l'occasion de missions au Pérou ou en Argentine. Entre temps, Cuba devenait la référence mondiale de la phytothérapie. Rien d'étonnant pour qui connaît la très sérieuse tradition cubaine en matière de médecine et de pharmacologie. Suite à l'embargo de 1962, plus question de compter sur les médicaments d'importation ou de participer à l'évolution mondiale des médicaments de synthèse. Résultat : l'île est aujourd'hui devenue un paradoxe médical[12] : son niveau de santé est équivalent à celui des pays les plus développés, avec des performances économiques bien plus modestes. Au début, rien n'est vraiment organisé, chacun se débrouille comme il peut : les médecins développent leurs soins en échangeant localement avec des collègues et en épuisant les bibliothèques de référence. Du Programme d'étude des plantes de 1991, on passe à l'étude ethnobotanique qui inclue les savoirs traditionnels en 1997 sous le nom de « Programme sur la médecine traditionnelle et naturelle[13] ». Le but est de fabriquer des médicaments rapidement. La démonstration est faite par l'usage, en se référant aux publications existantes sur la planète. Une fois l'efficacité prouvée et l'innocuité avérée, le médicament est fabriqué. Le manque total de matériel scientifique ultra-moderne pour étudier, suivre et produire les remèdes, n'a pas empêché le Centre des médicaments (CEDEM) de fonctionner à plein, au sein de toute cette bureaucratie. Autre rareté : un lien direct s'est établi dans l'île entre le fabriquant de médicaments et l'agriculteur de plantes médicinales, à l'écoute des retours des médecins et de leurs patients. Le médicament a d'abord pour objectif de résoudre des problèmes de santé et non d'être une marchandise. Le docteur Guevara n'est pas le dernier médecin à s'installer à Cuba. Le Che a perpétué la tradition

12   J. M. Spiegel, A. Yassi, « Lessons from the Margins of Globalization : Appreciating the Cuban Health Paradox », *Journal of Public Health Policy* (2004), 25(1):85-110
13   Programa Ramal de Medicina Tradicional y Natural (MTN) del MINSAP (1997)

des médecins sud-américains curieux de la fameuse école de médecine de Cuba. Désormais les praticiens s'intéressent au savoir cubain concernant les plantes médicinales ainsi qu'à l'étonnante résilience du pays hors des sentiers du commerce mondial. Mon médecin parisien y va régulièrement (je le vois rarement et nous ne parlons que de Cuba), comme la plupart de ses collègues du monde entier. Leurs patients les suivent : ils sont 20 000 par an à venir se soigner, selon les estimations officielles de 2013, attirés notamment par les programmes de phytothérapie et de médecine parallèle. Maintenant que les Américains peuvent y aller, ces chiffres vont exploser. Ce système peut-il résister longtemps ?

LA FLEUR DEVIENT UNE ARME DIPLOMATIQUE

Les Cubains n'ont pas suivi l'exemple chinois pour adopter la médecine traditionnelle. Comme eux, les Chinois ne sont pas prêts d'abandonner leurs connaissances, 5 000 ans de culture et de recherches en la matière. Ils ont simplement ajouté l'option occidentale à leur médecine pour amplifier leurs savoirs. C'est bien ce que démontre le prix Nobel 2015 décerné à Mme Youyou Tu. Dès 1945, l'effort est mis pour faciliter l'emploi des drogues de la médecine traditionnelle chinoise. La vie moderne ne laisse pas toujours le temps de préparer chaque soir des tisanes terriblement amères à base de 30 plantes. La médecine tibétaine, basée sur la même tradition de tisane et de fumigation, avait anticipé la question dès le début du xxe siècle. En 1900, les Tibétains inventent les fameuses petites pilules noires, encore en circulation aujourd'hui, les ancêtres de nos médicaments modernes. Au Tibet, les soins ont toujours été gratuits pour tous, les patients faisant des offrandes selon leurs moyens et l'efficacité des traitements. La médecine tibétaine est une science fascinante qui mériterait que l'on s'y intéresse davantage. C'est le point de rencontre entre la médecine des siddhas indiens, aux origines de la médecine ayurvédique des civilisations indo-européennes, et la médecine chinoise traditionnelle. C'est la première médecine à créer le « cas clinique » et à obliger chaque médecin d'en faire le suivi écrit tout au long du traitement. Les récits sont compilés et centralisés à la « Maison des sciences religieuses », le temple de Jokhang construit face au Potala de Lhassa au VIIe siècle. Jigme Tsarong, le spécialiste de la médecine tibétaine et de la flore himalayenne, petit-fils du grand Tsarong, conseiller du treizième et quatorzième dalaï-lama, m'a confirmé que l'aile ouest du Jokhang abritait douze siècles d'évolution des pathologies cliniques des Tibétains, des soins et de l'efficacité des plantes médicinales utilisées. Une source d'information unique inestimable sur l'évolution humaine, de ses maladies et de ses remèdes. J'ai du mal à croire que les Chinois aient pu détruire cela lors du saccage du Jokhang peu après leur prise de pouvoir à Lhassa. Cinquante ans plus tard, le 12ème plan quinquennal chinois pour 2011-2015 fait de la médecine traditionnelle une priorité politique. Rien de nouveau excepté que cela concerne aussi les relations extérieures économiques et culturelles avec les pays du Sud. En 2015, la connaissance des plantes est sur le point de devenir une arme diplomatique. En proposant une médecine des fleurs, accessible et basée sur un savoir millénaire, les Chinois renforcent sérieusement les points de rencontre avec les pays du Sud, l'Afrique en première ligne. Les usages traditionnels des plantes d'une culture à l'autre ne sont pas si éloignés. La médecine chinoise comporte certaines similarités avec celle pratiquée sur le continent africain. Leur dialogue peut générer une rencontre culturelle d'une intimité profonde, capable de sauver des vies. En 2014-2015, La Chine reçoit le prix Nobel et la médecine traditionnelle intègre la politique de l'Organisation mondiale de la santé. Des centres médicaux chinois sont ouverts un peu partout en Afrique pour former des praticiens à la médecine traditionnelle chinoise et créer le premier système durable de soins pour les pays africains[14]. Et la médecine chinoise

---

14 « Africa and China Agree to Build Resilient Public Health System », *China Times* (8 oct. 2015)

des plantes, de tradition écrite, est bien mieux codifiée que la médecine africaine, de tradition orale et encore très secrète. Espérons que ces velléités chinoises bardées de bonnes intentions n'étouffent pas la connaissance africaine, comme les colonisateurs d'hier. Cette connaissance africaine des fleurs, millénaire, est elle aussi un patrimoine de l'humanité.

LES FLEURS NE FONT PAS RECETTE

Ceux qui détiennent le savoir issu des fleurs ne livrent pas facilement leurs secrets. Pline commence ses quinze chapitres de botanique de *l'Histoire naturelle* en citant vingt plantes magiques dont l'usage se transmet entre initiés. Derrière la « semence d'Apollon » et la « bave de crapaud », se cache le délicieux *Sedum anacampseros* (de *anakampsis* « le retour » et *eros* « l'amour »), une petite *Crassulaceae* savoureuse en salade et pleine de promesses... Plante sulfureuse, plante dangereuse ? La confusion a été savamment entretenue au cours des siècles. Sans être un chantre de l'automédication, je revendique la possibilité d'apprendre et d'être capable de maintenir le lien avec les plantes qui peuvent me soigner des maux courants et bénins, sans avoir besoin d'être assisté en permanence. L'important est de ne donner sa confiance qu'aux plantes comestibles et de laisser les poisons aux médecins.

Les élixirs répondent à la même logique de secret. Ils sont réalisés à partir des plantes entières macérées dans l'alcool, puis dilués dans l'eau. Ce n'est plus la plante, mais le mélange qui se cache derrière un nom évocateur. Au XVIIe siècle, Nicolas de Blégny a un business plan. Une fois médecin du roi et de Monsieur, Philippe de France, le frère de Louis XIV, il lance « l'Eau d'Arquebuse » pour soigner fractures et ligaments à base d'extraits de consoude (*Symphitum officinale),* de prêle et de pâquerette – une vieille recette de la phytothérapie qui a fait ses preuves. Ce médicament est conçu pour l'armée, un marché porteur et sérieux. Pour sa diffusion, Blégny ouvre plusieurs pharmacies à Paris : l'une, quai de Nesles (l'actuel quai de Conti), l'autre, place de l'Opéra, à l'emplacement de l'ancien drugstore. Il n'en faut pas davantage pour que l'Ordre des médecins le traite de charlatan, son diplôme de Toulouse n'étant pas valable à Paris. L'époque voyait aussi les médicaments d'un mauvais œil – surtout ceux qui rapportent. Pour l'Académie, les potions doivent être préparées au cas par cas. La Faculté de médecine fait embastiller Blégny. Monsieur intervient pour l'en sortir. Blégny reste dans l'histoire comme un aventurier de la médecine, ce qui est toujours un peu suspect en France. Le titre d'«artiste médecin» qu'il s'est donné fait rire Molière, qui s'en inspire pour créer les personnages de L'Amour médecin, le pédant monsieur Macroton, l'inquiet et puissant monsieur Filerin, toujours paniqué à l'idée que les disputes intestines ne décrédibilisent la médecine. En 1679, Blégny publie le Zodiaque, l'une des toutes premières revues scientifiques au monde sur les avancées de la médecine. Il est le premier à écrire un article sur la quinine. L'écorce péruvienne vient tout juste de guérir le roi et son fils de la malaria qui sévit dans ce Versailles où prolifèrent les moustiques. Blégny commence à peine à commercialiser la quinine sous le nom de «Poudre de la Comtesse» que la faculté de médecine de Paris en interdit la vente. Encore. Il est accusé de faire commerce du savoir de ses employés préparateurs de plantes et de transformer en secrets des remèdes qui devraient rester libres d'usage pour tous, libres de cueillette.

LA FLEUR ET SON PRINCIPE ACTIF

Avec l'affinement de la chimie au XIXe siècle, de la plante entière on ne garde que le principe actif. C'est un grand jeu de passe-passe. Même s'il est issu du vivant et fabriqué par le vivant, il n'est plus considéré comme appartenant à l'humanité, mais comme le produit de l'inventivité de quelques hommes. Il se synthétise pour devenir un produit exclusif à destinées commerciales pouvant être protégé. La reine des prés a été nommée par Linnée, Spiraea ulmaria. L'aspirine est a-Spiraea «ce qui ressemble à la spirée sans en être ». C'est Charles Frédéric Gerhardt, un biologiste de Montpellier, qui extrait pour la première fois l'acide salicylique de la reine des prés et lui associe un acétyle pour atténuer ses effets sur l'estomac des patients dont il soigne l'arthrose. Aucune suite commerciale n'est donnée à sa découverte publiée en 1853. En 1889, Felix Hoffmann qui travaille pour Bayer, la première industrie chimique de taille au monde, cherche un produit de remplacement à l'acide salicylique que prend son père, dont les effets secondaires le font horriblement souffrir. En cherchant dans la littérature, il tombe sur les découvertes de Gerhardt. Il répète la manipulation et commence à distribuer sa découverte à des médecins. Dix ans plus tard, en 1899, le brevet de l'aspirine est déposé par le créateur de Bayer, Heinrich Dreser, Arthur Eichengrun, le chef de laboratoire et Felix Hoffmann. Les salicylates, une fois isolés de la reine des prés, provoquent des chocs gastriques. C'est étrange car la reine des prés est justement recommandée pour calmer les inflammations gastriques et les diarrhées des enfants, sans générer d'effets secondaires. Ici, le principe actif isolé est utile mais dangereux, il faut le transformer. La plante qui pousse les pieds dans l'eau, soigne les rhumatismes, les rhumes et les fièvres. Elle débouche les artères et prévient les crises cardiaques en inhibant la synthèse des prostaglandines qui sont responsables de la dilatation, de la contraction des vaisseaux sanguins et de leur perméabilité. En bref, elle ralentit la formation des plaquettes, l'inflammation et donc la hausse de température des tissus affaiblis. Ce rôle sur les prostaglandines des animaux, elle l'applique à l'identique sur la production de l'acide jasmonique des plantes, en bloquant l'enzyme AOC (Allène Oxyde Cyclase) qui produit cette hormone de croissance, qui règle la floraison des plantes et leur permet de lutter contre les ravageurs (c'est pourquoi dans les années 80, on conseillait de mettre un peu d'aspirine dans les roses pour les faire durer...). Voici encore une démonstration de notre proximité avec les fleurs, la preuve d'une similarité d'évolution biochimique que nous partageons avec elles : l'acide salicylique de la plante est capable d'inhiber deux enzymes qui régulent le vieillissement, les AOC chez les plantes et les COX (les Cyclo-Oxygénases) chez les animaux. Mais depuis l'an 2000, les études[15] se suivent et s'interrogent sur l'innocuité et l'efficacité réelle tant vantées du principe actif de synthèse de l'aspirine. L'Allemagne commence par la retirer de la vente en supermarché et demande au public de bien lire les contre-indications. Le FDA[16] américain fait volte-face et met en cause le rôle de l'aspirine dans les risques cardiaques[17], même à faible dose.

Peu après avoir maîtrisé la synthèse de l'aspirine, Bayer se lance dans la fabrication de pesticides pour éradiquer les herbes folles. Pourtant, en assurant la fortune de l'entreprise, la reine des prés a été à l'origine de cette grande industrie de guerre. En décembre 1995[18], Helge Wehmeier, le président de Bayer, fait des excuses officielles devant le prix Nobel Elie Wiesel, pour le rôle joué par sa société au sein d'IG Farben, producteur du Zyklon B, et avoir aussi participé à l'holocauste nazi en testant leurs médicaments sur les prisonniers. Souvent je me demande aussi si les O.G.M. ne perpétuent pas cette idéologie de sélection, à vouloir reproduire une plante élue, transformée pour résister aux produits qui éradiquent toutes les autres ? L'ironie veut que Bayer ait choisi comme slogan « la biodiversité c'est le futur ».

À LA RECHERCHE DU PRINCIPE QUI NE SERT À RIEN

Contrairement à l'aspirine, le principe actif sans brevet est bien l'artémisine, extraite de l'armoise, *Artemisia annua*, qui a valu à Mme Youyou Tu le prix Nobel 2015 de médecine. En-dehors de la pharmacopée traditionnelle, il n'a guère suscité l'intérêt ni de l'industrie, ni des gouvernements conseillés par les employés de

---

15   *American Heart Journal* (juil. 2004), 148(1):157-64
16   *Food and Drug Administration*
17   *American Heart Journal* (juil. 2004), 148(1):157-64
18   *NY Daily News* (21 déc. 1995)

leur sphère industrielle. Quelques médicaments sur le marché restaient à rentabiliser, dont certains pouvaient avoir des effets secondaires désagréables, comme la méfloquine du lariam®. En 2012, l'artémisine est produite au Kenya mais ceux[19] qui tentent de diffuser l'armoise en Afrique francophone ne sont pas suivis. Pourtant la preuve de son efficacité est faite par le monde scientifique. Pourquoi n'a-t-on pas breveté l'artémisine ? Mystère. En pillant leur médecine traditionnelle, a-t-on peur des représailles du marché chinois ? Cela n'a pas empêché l'IRD (Institut de Recherche pour le Développement) en collaboration avec l'Institut Pasteur de breveter la simalikalactone D, le principe actif du *Cassia amara*, appelé abusivement le «quinquina de Cayenne»[20], un actif emblématique de la pharmacopée africaine des féticheurs du Bassin du Congo utilisé pour lutter contre la malaria. La plante a traversé l'Atlantique dans les cales des navires négriers. Mary Seacole sait en faire bon usage en Jamaïque et à Panama et, pendant la guerre de Crimée, la remplace par l'artémise qui pousse aux portes de Balaclava. Les instituts de recherche français s'approprient les ressources africaines au nom du développement, pendant que les Chinois mettent leurs principes actifs à la disposition des peuples ? Les Français l'auraient-ils breveté dans un but humanitaire pour bloquer tout dépôt abusif du principe actif par un «voyou» ? Nul n'est au courant de leur démarche – bien que ce type de brevet «préventif» existe bel et bien. En 1987, Richard Jefferson, l'un des pionniers des maïs O.G.M., est convaincu de l'intérêt de son action pour l'avenir de l'humanité, mais se rend vite compte de l'opération diabolique qui se met en place pour vendre toujours plus d'herbicides, de produits mortifères au nom de la sécurité alimentaire. Après une longue dépression, vivotant dans les institutions internationales onusiennes, Jefferson crée la fondation Cambia en Australie :

---

19 Projet de Charles Million pour diminuer le paludisme de l'Afrique
20 Le nom commun n'est nullement une preuve de l'origine.

celle-ci gère le programme BiOS (Innovations Biologiques pour une Société Ouverte), développe la recherche «biotech» et dépose également le maximum de brevets sur les nouvelles technologies du vivant pour les mettre gratuitement à disposition des pays du Sud et les rendre accessibles aux pays du Nord en *open share*, rémunérées par les revenus tirés de leur exploitation.

De l'autre côté de la planète, l'Institut Pasteur associé à Sanofi réussit la synthèse de l'artémisine en 2012 – obtenant pour ce faire le soutien de la fondation Bill et Melinda Gates, au prétexte que la ressource (l'armoise), utilisée par Mme Tu pour extraire l'artémisine, était chinoise et rare. Pourtant cette fleur se répand dans les champs européens, au fur et à mesure que se dégradent les sols, progressant toujours plus au Nord avec le réchauffement climatique. L'armoise est une culture parfaite pour les savanes de terres pauvres, qui aide le sol à retrouver sa fertilité. Cette culture pourrait être une source de revenus idéale pour les agriculteurs africains, comme cela est prouvé au Kenya. Mais qu'importe les paysans! Avec les millions des Gates, l'Institut Pasteur peut désormais se passer des agriculteurs et peut casser le marché en maîtrisant la synthèse de l'actif[21].

Mais la fleur n'a pas dit son dernier mot. En 2009, d'autres chercheurs de l'IRD s'aperçoivent que le *Plasmodium falsiparum* de la malaria, le parasite responsable du paludisme, devient résistant à l'artémisine. L'O.M.S. demande alors le retrait immédiat des monothérapies à base d'artémisine[22]. Plus intrigant, les médicaments originaux, conçus à partir du principe actif sont en panne, alors que leurs copies ou ceux produits à partir de la plante entière fonctionnent encore... Après enquête d'une équipe internationale de pharmaciens, les chercheurs de l'IRD concluent[23] que la plante

21 «Paludisme: à la recherche de plantes oubliées juin 2011», *Journal IRD fiches d'actualité scientifique* 378

22 «Regulatory Action Needed to Stop the Sale of Oral Artemisinin-Based Monotherapy» *WHO Drug Information* vol. 24, num. 2 (2010)

23 *Malaria Journal* (2011), 10 (Suppl. 1), p. S1

entière est le seul médicament fiable : elle dispose d'au moins cinq actifs qui se conjuguent pour amplifier l'action de l'artémisine, «alors que seuls ils n'ont aucune activité anti-parasitaire»[24]. Ils précisent qu'une tasse de thé de la plante entière, comme le préconise la médecine chinoise, est aussi efficace qu'une pilule ou un vaccin. Dans leur logique de poursuite du principe actif à breveter, les pharmaciens doivent-ils désormais aussi rechercher le principe «à côté»[25], celui qui ne sert à rien ?

Février et mars 2015 : le relevé botanique le long de la ligne de l'Équateur africain nous présente une centaine de plantes et champignons remarquables, dont une vingtaine mériterait une attention sérieuse pour éradiquer le paludisme. Non seulement la littérature signale des actifs proches de l'artémisine, mais tous sont comestibles. Certains champignons trop durs feront un bouillon délicieux. Sur les dix membres de cette mission scientifique immergés dans cette forêt équatoriale humide du bassin du Congo, seuls deux n'ont souffert d'aucun symptôme de paludisme : la photographe et moi-même. Nous nous traitions avec un mélange de teintures mères de plantes parmi lesquelles figurait l'artémise. Infuser chaque plante pendant un mois dans de l'alcool de fruit à 70° et n'en utiliser que deux ou trois gouttes matin et soir, ça ne coûte rien, c'est bien moins dangereux qu'un verre de cognac et c'est une production locale (au fin fond de la brousse). Cinq centilitres de chaque breuvage suffisent pour un traitement préventif d'un mois. Tout cela n'est absolument pas scientifique : pas d'essai placebo ou de publications sérieuses, seulement quelques compilations de résultats de laboratoires par le monde, ma propre expérience et celles de nombreuses personnes poursuivies à travers l'histoire par l'Académie,

---

24 «Paludisme : à la recherche de plantes oubliées juin 2011», Journal IRD fiches d'actualité scientifique 378
25 *Malaria Journal* (2011), 10 (Suppl. 1), p. S1

la Faculté. Pas de «médicaments» mais des «compléments alimentaires», sans effets secondaires.

Un cas isolé, une expérience intéressante, diront certains. Mais un remède qui pourrait bien tordre le cou à la malaria, l'une des premières causes de mortalité chez l'homme[26], bien plus traître qu'une guerre. Chaque année, elle contamine 284 millions d'êtres humains : parmi eux, 750 000 trouvent la mort. Trois milliards de personnes sont concernées et le réchauffement climatique ne fait qu'augmenter les régions où elle sévit. Aujourd'hui 90 % des victimes sont Africains dont une majorité d'enfants de moins de 5 ans. C'est intolérable. Quand on pense que l'argent des Gates est détourné par des chercheurs qui ne semblent pas au courant de la stérilité de leur effort. Ce qui n'est pas une excuse du reste : les fabuleux moyens techniques mis à disposition par Microsoft, ne les dispensent pas de prendre connaissance des travaux de recherche de leurs collègues de bureau...

Pendant notre étude du bassin du Congo, tous les soirs nous avions rendez-vous avec les féticheurs, les tradi-praticiens du cru. Les autorités locales nous avaient prévenus que nous n'obtiendrions rien d'eux. Mais l'intérêt que Félix, le botaniste congolais, et moi-même leur portions, la présence d'une caméra – et quelques bières – ont aidé à établir un climat de confiance, propre à révéler un trésor totalement dénigré avec lequel la science doit renouer le dialogue, comme avec les médecines traditionnelles chinoise, indienne, méso ou sud-américaine. Profitons des traditions orales tant qu'il en est encore temps. Voilà un bel objectif pour la fondation du bassin du Congo pour la biodiversité : réhabiliter ces savoirs et les relier ensemble.

Partis de Sarajevo, en suivant les plantes qui poussent derrière les obus pour réparer plus ou moins tacitement le sol et les hommes en guerre, nous voici, vingt ans et quelques digressions plus tard,

---

26 «10 Facts on Malaria Reviewed», *WHO Drug Information* (avr. 2015)

touchant presque au but de notre démarche – la construction d'un dialogue entre science et nature. L'étude de la flore et la communication des savoirs entre civilisations peuvent être à l'origine de soins de première urgence, à bas prix, accessibles à tous. Partageons nos connaissances, la production suivra : il ne suffit pas de faire pousser la fleur pour obtenir des actifs efficaces, encore faut-il retisser ce lien entre la fleur, son terrain, son cultivateur et le fabricant du médicament. Maintenant que nous pouvons compter sur les plantes pour nous nourrir et nous soigner, il s'agit de veiller à leur qualité et leur diversité pour tenir les maladies en échec – en préservant la terre qui les fait naître.

CHAPITRE 2

Les fleurs et le climat

Le sol, première étape du combat contre le changement climatique

LE DÉNI DU SOL, UNE RELIGION ET UNE SCIENCE

«Plantez un bâton Croix Rouge Dupont de Nemours tous les trois mètres, allumez la mèche»[1]. Boum! Le champ est labouré: en quelques secondes, plus une mauvaise herbe. En 1910, le marché des explosifs accuse un ramollissement passager. Le géant américain de la chimie lance sa nouvelle révolution scientifique pour nourrir le monde: *L'Agriculture avec la dynamite*[2], pour «économiser de l'argent, du temps et du travail», «garantir un sol nouveau et riche, plus d'hectares, plus de grandes récoltes». Le nouveau credo agricole du XXe siècle est publié aux éditions The Lord Baltimore Press («Dieu, éditions de Baltimore»). Au moins, cela a le mérite d'être clair. Le ton est donné: l'agriculture devient la poubelle de l'industrie de guerre. Après la dynamite recyclée au sein d'un marché de masse, viendront le fil barbelé, les chars, l'agent orange, le Zyklon B, la manipulation génétique artificielle... quoi d'autre? Toutes ces armes de destruction massive développées par l'armée sont désormais des outils agricoles. En a-t-on vraiment besoin? Pourquoi poser la question, un ingénieur pourra toujours justifier l'opération. Le sentiment, l'humeur débarrassent la science. La chimie, la physique, la géologie se confinent dans les laboratoires pour forger l'agronomie le plus loin possible de l'anomalie qui produit la vie, ultra-complexe. Du laboratoire au champ, le sol est devenu un substrat inerte qu'il faut absolument travailler pour faire fructifier.

Le déni du sol est la nouvelle croyance qui remplace le lien des sociétés primitives tissé avec la planète. Les pieds sur terre, elles avaient créé Gaïa, mère des dieux grecs. Les Africains

---

1   E. I. du Pont de Nemours Powder Co, *Farming with Dynamite* (The Lord Baltimore Press, 1910)
2   *Ibid.*

placent les émotions sur nos masques, des noms visibles sur nos humeurs : les *Orisha*, les « têtes » Yoruba, qui dans la bouche des esclaves deviennent *Vodu, Candomblé* et *Santeria,* pour battre au rythme de la terre des origines. Pour les Amérindiens, Pachamama façonne des images, des satyres et des dieux, pour qualifier l'effet, le caractère et l'émotion qui accompagnent les phénomènes qui émanent du sol et répondent aux astres et à l'eau. Toutes ces représentations existent encore aujourd'hui car elles ont phagocyté les saints des conquérants en un battement d'ailes de papillon, sans qu'ils ne s'en rendent compte. Nos religions procèdent-elles de la même pâte ? Goethe a voulu comprendre l'ensemble des sciences avant de toucher à la terre. *La Métamorphose des plantes* est sa première publication. Il faut chercher son testament posthume dans les discours sur l'agriculture de Rudolph Steiner, l'éditeur de ses 380 recueils scientifiques qui, pour l'agriculture, fonderont la biodynamie.

Scientisme ésotérique ? Pourquoi pas. Croyance ? Certainement pas. La divinité n'est pas l'hypothèse. Elle ne réveille pas de complexité. Au contraire, l'unité divine simplifie, comme un mode d'emploi à suivre, un kit : la croyance selon laquelle l'agriculteur doit labourer le sol pour l'aérer ne repose sur aucun principe scientifique. Ce déni du sol, comme entité vivante, ne date pas d'hier. En 1665, Antonie van Leeuvenhoek découvre les microbes qui fabriquent le vin, la bière et le fromage. En 1768, Lazzaro Spallanzani nous montre que l'on s'en débarrasse en les « pasteurisant ». Il établit que ce ne sont pas des êtres spontanés : ils vivent dans le sol et dans l'air. En 1810, Agostino Bassi découvre que le micro-champignon entomophage, à l'origine du mal des vers à soie, provient des sols humides. En 1835, il décrit les microbes responsables de la plupart des maladies infectieuses chez l'homme. Ce sont toutes ces découvertes qui seront reprises à partir de 1866 par Louis Pasteur et en feront un héros national. Au passage, il brevète la pasteurisation du vin. Pourquoi breveter ce principe sur le vin alors que le lait fera son véritable succès ?

Pasteur n'aime pas le vin, alors le cuire pour le conserver lui importe peu. Même s'il n'a jamais revendiqué leur paternité, les portraits de Bassi et Spallanzani veilleront toute sa vie durant sur sa table de travail et le fruit de leurs recherches constitueront le fond de commerce de l'Institut Pasteur naissant. Pasteur ne rit jamais, ne sert jamais les mains, se les lave le plus souvent possible, surtout s'il suspecte un contact avec le sol... Il n'était pas drôle et pourtant il se révèle génial communicateur. Comme Edward Jenner qui invente la vaccine contre la variole en 1773, ou Samuel Hahnemann, son contemporain, créateur de l'homéopathie, Pasteur s'intéresse à soigner le mal par le mal. Une expérience imprévue de son laborantin réussit à soigner des poulets atteints du choléra et voici le vaccin lancé. Seulement en prenant la suite d'Agostino Bassi, il s'est «lavé les mains» de la terre qui lui a été transmise. Pourtant le sol est la source de son art. La découverte du premier virus (la mosaïque du tabac) à partir de laquelle Martin Beijerinck fonde la virologie, vient en droite ligne du sol également. Mais une science qui doit ses débuts à une maladie qui décime les fleurs parait bien étrangère à l'homme moderne. Serait-ce la raison profonde du désintérêt progressif des études des micro-organismes du sol en France ? En 1950, le pays est encore une référence des publications mondiales sur la vie du sol, un peu grâce aux recherches sur les champignons gourmets et les truffes. En 1960, elle n'existe quasiment plus, distanciée par les U.S.A. et le Royaume-Uni. Le microbiologiste Claude Bourguignon date à 1974 l'arrêt total de l'enseignement du sol vivant à l'Agro[3].

N'en voulons pas au paysan qui laboure pour aérer le sol. L'idéologie du déni du sol n'est pas de son fait. Interrogeons-nous plutôt sur les croyances qui ont leurs contingences économiques comme la plupart des religions. L'agriculteur passe la charrue avec ignorance, il enfouit les micro-organismes qui respirent en surface et ramène à l'air ceux qui ne peuvent pas supporter l'oxygène

....

3   AgroParisTech, école nationale des ingénieurs agronomes française

avec ardeur... L'agriculture devient une religion pour laquelle le paysan renonce à sa liberté par le labour, le travail superflu. En tuant son sol, il se drogue à la peine, oubliant pourquoi il a commencé un jour, pour qui ? Pharaon, Assurbanipal, Mardouk ou la grande putain de Babylone ?

LE COMBAT POUR LE CLIMAT COMMENCE PAR LES SYMBIOSES DU SOL

En 1998, le parc national de Malheur en Oregon se refait une beauté et goudronne quelques routes. En nettoyant les arbres infestés, les forestiers réalisent que sa grande prairie est en réalité le plus grand être vivant au monde : 1 000 hectares, 4 mètres d'épaisseur, âgé d'environ 8 000 ans, pesant dans les 35 000 tonnes. L'*Armillaria solodipes*, un champignon, ou plutôt son mycélium (son corps), recouvre tout le terrain, digère les conifères géants et croque un bout de route au passage. Il adore le carbone fossile, celui parfumé aux huiles essentielles bactéricides du pin, de l'eucalyptus, ou aux POP, les polluants persistants du pétrole. Il ne pousse rien sous les pins et une fois que l'*Armillaria* est passé, tout refleurit. Le mycélium est un filament microscopique entremêlé ; celui de l'armillaire, épais comme une brindille, fait exception.

Le 4 août 2015, treize universités, 22 chercheurs de sept pays différents démontrent[4] ensemble que l'ancêtre de toutes les plantes est une algue qui a conquis la planète en optant pour la symbiose via les mycorhizes. Ce pas décisif de l'évolution se fait dans l'océan, avant même de coloniser la terre ferme : la nécessité symbiotique est déjà inscrite dans le génome de l'ancêtre de toutes les plantes. Les échantillons étudiés situent l'événement il y a environ 550 millions d'années.

Cette symbiose plante-champignon a pour objectif la « grande

4   P.-M. Delaux, « Algal Ancestor of Land Plants Was Preadapted for Symbiosis », *Max Planck Institute for Chemical Ecology* (11 sept. 2015), doi: 10.1073/pnas.1515426112

bouffe». Alors qu'une racine se développe de quelques millimètres par jour, le mycélium est capable de grandir de deux centimètres, de manière exponentielle, chaque embranchement prenant le relais. Il court, il court pour chercher nourriture et boisson à échanger contre le carbone de la photosynthèse de la plante. Il est redoutablement efficace. Des chercheurs japonais se sont amusés à le faire passer dans un labyrinthe[5] : en plaçant un grain d'orge malté qui dégage une forte odeur de sucre d'un côté et le mycélium de l'autre, il va direct au but, sans perdre une seconde.

La phylogénèse du champignon nous montre qu'il débute sur notre branche dans l'évolution, celle des animaux. Mais il n'a pas voulu s'encombrer d'un estomac. Ce vieux cousin crée sa propre branche il y a 650 millions d'années, car il lui convient mieux de digérer sa nourriture avant de l'ingurgiter. Certains prennent des baguettes, lui projette directement ses enzymes sur la nourriture. Puis il transforme les nutriments en nanoparticules qu'il envoie à la vitesse de l'électricité à travers son corps. Il utilise l'énergie micro-fluidique de l'eau, l'énergie de la vie que l'on commence tout juste à comprendre. Cette énergie fabuleuse, c'est aussi celle de la turgescence et la vitesse surprenante avec laquelle le champignon croît à vue d'œil. Plus la goutte et le conduit sont petits, plus l'énergie est forte. Tous les jours, nous découvrons davantage de symbioses de bactéries et de mycorhizes qui recourent à cette force incroyable. C'est une chaîne alimentaire qui s'échafaude sous nos yeux. Ici commence une complexité organisée et dynamique, qui se reproduit selon une stabilité cinétique qui compose la force même de l'évolution.

Des bactéries du sol, les plus connues sont les azotobacters. Ils fixent l'azote dans la terre. Ce gaz entre à hauteur de 70 % dans la composition de l'atmosphère que nous respirons. On rigole des gens qui vendent de l'air en boîte : ces microbes font

---

5   T. Nakagaki, H. Yamada et A. Toth, « Maze-solving by an Amoeboid Organism » *Nature* (2000), 407:470

de l'agriculteur moderne, l'un des rares êtres au monde qui achète de l'air en poudre. Azote, phosphore et potasse (NPK) sont devenus les nutriments nécessaires au développement des plantes (lorsque la graine est seule au monde, hors de la vie) que le laboratoire a retenus. Si l'azote et la potasse ne sont pas déjà fournis par les bactéries alentour, la mycorhize prend le relais. Toutefois, sa spécialité reste le phosphore. Le labour et les herbicides détruisent les mycorhizes. À ce moment, les fleurs de la famille du chou se mettent à pousser en bordure de champ. La roquette (fausse ou vraie, *Eruca* ou *Diplotaxis*, c'est la même chose), les radis sauvages, ou une repousse de colza et de moutarde, toutes ces fleurs nous indiquent que le phosphore n'est plus assimilable par les plantes, ces roches basiques se sont bloquées, redevenues dures comme pierre. En amener davantage ne ferait qu'encourager le phénomène.

La solution des agronomes ? Rajouter du phosphore. En laboratoire, on en inonde la plante. Sur cinq centimètres carrés d'accord, sur des centaines de millions d'hectares, c'est autre chose. Alors on transforme des atolls polynésiens en gruyère, on rase l'Atlas marocain, on apporte tous ces cailloux à Marseille pour les broyer, les mettre en sac et les distribuer au cultivateur qui fait ce qu'on lui dit. Comme les mycorhizes qui permettent à la plante de l'assimiler ont disparu, ce phosphore est lessivé par la première pluie, ou bien il recrée l'atoll océanien en plein champ picard. Résultat : 90 % du phosphore utilisé en agriculture va directement aux eaux usées. Je demande un bilan carbone de l'opération et surtout réparation pour les natures exceptionnelles qui sont détruites par ce petit jeu. Le combat pour le climat commence avec ce simple constat : le rôle de l'agriculteur n'est plus de nourrir sa future récolte mais de nourrir sa terre, de renforcer et préserver la biodiversité d'un sol vivant et dynamique. 90 % du vivant de notre planète est contenu dans ce sol. Tout ce qui se développe et se balade en surface est conçu pour le nourrir – le sol, pour être bien nourri, a donc tout intérêt à faire prospérer son «garde-manger» situé à l'étage supérieur. Pour la fertilité, chaque maillon de la chaîne alimentaire compte.

MÊME LE PAPILLON AGIT EN « CONSSOM'ACTEUR »

Plantes et champignons ont évolué ensemble. Au début le mycélium prend la radicelle de la plante en la recouvrant comme un gant. Puis leurs cellules fusionnent leur patrimoine génétique, pour créer des organes hybrides spécialisés dans la recherche de nourriture. Puis les plantes se relient ensemble par ces filaments souterrains. Ce réseau signale les attaques d'insectes et transmet les composés chimiques pour combattre les infections, pour dégoûter les prédateurs[6]. L'étude des plantes a cela de fascinant qu'elle nous déploie tout l'éventail de l'évolution sous nos yeux, comparée à celle de l'homme où toutes les autres espèces du genre *Homo* ont disparu. De la liane qui s'accroche aux bords des rivières par sa longue racine, à l'herbe, à l'arbre, dont les racines se doivent d'être aussi fournies que la coupe au vent. Puis apparaissent les *Solanaceae*, les tomates et les pommes «de terre» qui, contrairement à leur nom, ne veulent plus du tout pousser dans la terre, mais dans un *mulch*, un tapis de débris végétal en surface. Le seul lien qu'elles gardent avec la terre, ce sont les mycorhizes, les champignons. C'est bien pour cela qu'il est aussi facile de les cultiver hors-sol. C'est la plante qui le veut, du moment que la mycorhize lui apporte tout ce dont elle a besoin. À côté, nous avons les *Ericaceae*, la famille des bruyères, des arbousiers et des myrtilles. Poussant sur des cailloux, des terrains où les nutriments sont pauvres et disséminés partout, ces plantes jouent la carte de la solidarité à fond : les mycéliums s'unissent les uns aux autres et se chevauchent. Ils fixent le carbone, les sucres avec l'eau sous forme de réserve de nutriments – la glomaline, dont la composition

6   Babikova, Gilbert, Bruce, Birkett, Caufield, Woodcock, Pickett et Johnson, «Underground Signals Carried Through Common Mycelial Networks Warn Neighbouring Plants of Aphid Attack», *Ecology letters*, vol. 16 (juil. 2013), pp. 835-843

est identique à celle des protéines de choc thermique[7] produites par l'homme pour résister aux changements de température brutaux. En plus de protéger le sol des aléas climatiques, les mycéliums transmettent les actifs santé des plantes entre elles et en fabriquent eux-mêmes. C'est d'autant plus flagrant avec les orchidées, toujours plus avancées dans l'évolution. Alors que j'étudie la possibilité de faire une crème pour le visage à base d'orchidée pour un groupe cosmétique sur le marché chinois, je m'aperçois que l'actif en question provient d'une espèce menacée. Je m'en réfère donc à l'évolution : une orchidée ne fait pas sa cuisine elle-même, elle emploie un cuisinier. Le champignon qui vit en symbiose avec cette orchidée est l'armillaire. Il suffit de faire pousser ce champignon en lui donnant à manger ce qu'il faut pour obtenir l'actif, pour épargner la belle fleur sauvage. Il grandit très vite, on en produit beaucoup plus, pour pas cher... Les médecins chinois savent cela depuis belle lurette. L'orchidée s'est associée à l'armillaire, le même champignon qui dévore les arbres du parc national de Malheur... Cette symbiose est incroyable, après des millions d'années d'évolution, la fleur a quitté le sol pour vivre en haut de l'arbre et dompter le plus cruel prédateur de son hôte. Elle finit par faire vivre tout le monde en bonne intelligence.

Autre association – plus inattendue encore : le sublime monarque, le grand papillon qui migre entre le Mexique et les États-Unis, ne trouve plus de belles fleurs d'asclepias sauvages où pondre – toutes ont été décimées par les herbicides et par le virus de la mosaïque de l'asclepias utilisé comme vecteur de gène pour modifier les maïs et soja O.G.M. La population des papillons ayant été divisée par 22 en dix ans, les jardiniers américains replantent gentiment des asclepias exotiques, sans se rendre compte qu'elles contaminent les insectes avec une moisissure

7   « The Arbuscular Mycorrhizal Fungal Protein Glomalin Is a Putative Homolog of Heat Shock Protein 60 », *FEMS Microbiology*, vol. 263, num. 1, pp. 93-101

parasite. Les chercheurs[8] viennent de démontrer que les papillons ne choisissent plus que les asclepias productrices du cardénolide qui élimine leur parasite. Or ce cardénolide n'est produit que par des mycorhizes symbiontes particulières, avec lesquelles la plante s'est désormais associée. Les asclepias sans symbiose ne sont plus pollinisées et disparaissent. Les papillons sont devenus des « consom'acteurs » : ils se sont débrouillés comme ils ont pu, face au désastre provoqué par l'homme. Quand je pense que mes professeurs me disaient que les règnes du vivant n'interagissent que très rarement entre eux : là nous avons un papillon, une plante, un champignon, un virus ou presque, un homme et son arme de mort... sauve qui peut.

PLANTER DES ARBRES POUR DIMINUER LES BESOINS EN EAU

Dans les années 80, un vigneron de Loire m'avoue qu'il est devenu maire pour disposer du canon anti-grêle de son village et protéger son vignoble. Et si la nature faisait la même chose ? J'ai tout de suite pensé à la force d'action d'une forêt sur la pluie, tout un tas de fleurs qui s'unissent pour faire tomber l'eau. Quinze ans plus tard lorsque Francis Hallé, notre « monsieur Arbre » français, nous apprend que les arbres déclenchent la pluie en lançant des phéromones qui condensent les gouttes d'eau à l'approche des nuages, cela m'a paru une évidence. Une étude, réalisée par l'Institut national de recherche d'Amazonie, confirme[9] cette hypothèse en 2014 grâce aux résultats enregistrés au sommet d'une tour

8 L. Tao, C. D. Gowler, A. Ahmad, M. D. Hunter et J. C. de Roode, « Disease Ecology Across Soil Boundaries : Effects of Below-ground Fungi on Above-ground Host–parasite Interactions », *Proceedings of the Royal Society* (14 oct. 2015), B 2015 282 20151993; DOI : 10.1098/rspb.2015.1993

9 A. M. Yanez-Serrano, A. C. Nölscher, J. Williams, S. Wolff, E. Alves, G. A. Martins, E. Bourtsoukidis, J. Brito, K. Jardine, P. Artaxo et J. Kesselmeier, « Diel and Seasonal Changes of Biogenic Volatile Organic Compounds Within and Above an Amazonian Rainforest », *Atmospheric Chemistry and Physics* (2015), /15/3359

métallique érigée au milieu de la forêt pour suivre l'évolution du climat en instantané. Puis une mission universitaire américano-allemande en Amazonie découvre que les nuages se forment par des lâchers massifs de spores de champignons symbiontes des arbres dès que le gradient d'humidité augmente[10]. La preuve est faite : l'arbre et ses êtres symbiontes fabriquent la pluie. Il n'y a que l'homme pour gigoter et danser en espérant la provoquer. La forêt amazonienne produit vingt milliards de tonnes d'eau par jour, bien plus que le fleuve Amazone.

Ce phénomène, je le constate de mes yeux à Salta, en Argentine. Cette propriété agricole de 40 000 hectares est la plus ancienne d'Amérique, construite en 1560 par le conquistador Hernando de Lerma pour élever les chevaux de l'armée de toutes les colonies espagnoles. C'est le berceau du cheval des Amériques. Avec Gérard Ducerf, nous y faisons le relevé de la biodiversité. Les nuages arrivent de l'océan Pacifique, à 150 kilomètres à l'ouest, ou de la forêt amazonienne à 200 kilomètres au nord-est. Quel que soit leur point de départ, ils traversent de vastes zones totalement déforestées, comme le désert d'Atacama, puis le Désert des cactus, sur lesquels ils lâchent au maximum cinq millimètres d'eau – quelques gouttes, une demi-heure par an. Menaçants, toujours intacts, ils traversent les quinze kilomètres de la vallée de l'Estancia[11], et juste derrière la maison, ils explosent en torrents, toujours en trois endroits bien précis : une zone marécageuse à 3 000 mètres d'altitude « gérée » par les sphaignes de marais et leurs mycorhizes, un grand bois de chênes plantés il y a plus de 200 ans et enfin une forêt primaire d'Araucaria, au fond de la vallée, où croissent les pins originels d'Argentine, contemporains des dinosaures. Ces trois espaces à eux seuls nourrissent la rivière généreuse qui abreuve le domaine sans jamais se tarir. Au-delà

10   « Biogenic Potassium Salt Particles as Seeds for Secondary Organic Aerosol in the Amazon », *Science* vol. 337, num. 6098 (31 août 2012) pp. 1075-1078
11   Domaine agricole en Argentine

des montagnes qui cernent la vallée, pas un seul arbre, pas une goutte d'eau, tout est désert.

L'eau. Nous pensions spontanément qu'elle passe dans le sol de manière mécanique, par porosité, par les trous des vers de terre et les galeries de mulots... En réalité, il faut s'imaginer le sol comme la peau de la terre : si l'eau pénétrait aussi facilement notre peau, il y a longtemps que nous nous serions dissous. L'eau pénètre le sol par échanges entre des êtres vivants. Les bactéries de surface la captent et la transmettent, en échange de nutriments, à celles des étages inférieurs, et cela jusqu'à la nappe phréatique. C'est une forme de commerce, une chaîne alimentaire. Lorsqu'il n'y a plus d'eau en surface, l'échange se fait en sens inverse. Un sol vivant et équilibré n'a donc pas besoin d'être arrosé. L'eau d'un sol sous couvert s'évapore beaucoup moins. L'arrosage n'est nécessaire qu'aux sols perturbés, quand la vie bactérienne de surface est morte, lorsqu'un maillon de la chaîne alimentaire du sol fait défaut. L'eau n'arrive plus à pénétrer dans le sol non plus, elle glisse en surface et lessive la terre en accélérant la destruction du sol.

L'arbre est un acteur essentiel du sol. Les sols pauvres de la forêt équatoriale (qui ne dépassent pas plus de vingt centimètres d'épaisseur – 50 centimètres parfois dans les meilleurs cas) compensent pauvreté et faible profondeur par le développement extrême des mycorhizes symbiontes avec les arbres. Ces filaments sont capables de retenir 27 000 fois leur poids et de former un réseau finement tissé, qui aide ces arbres monstres, de plus de 60 mètres de haut à tenir debout.

Dans les sols plus profonds des zones tempérées, les racines exercent une pression sur la nappe phréatique pour la maintenir proche de la surface. La forêt agit comme une pompe. C'est ce qu'ont compris les agriculteurs qui pratiquent l'agroforesterie et constatent l'augmentation de leurs rendements, tout en voyant leurs besoins en eau et en engrais diminuer par rapport à l'agriculture conventionnelle. La plupart réalisent ainsi que le labour ne sert à rien, qu'il est contre-productif. La densité racinaire des herbes qui forment le couvert végétal permanent force les arbres, dès qu'ils ont été plantés en ligne dans les champs, à plonger leurs racines en profondeur, pour agir dans des strates différentes de celles des herbes du couvert. Ainsi s'organise un système agricole inspiré de la nature, bien plus résilient, ultra-dynamique, pour résister aux aléas du climat.

LES ARBRES DE LA SÉCHERESSE

Tous les arbres sont-ils concernés par ce processus ? Non. Les arbres qui diffusent des huiles essentielles bactéricides tuent les bactéries de surface. Notamment lorsque ceux-ci sont des variétés exotiques. Dans ce cas-là, peu de microbes peuvent résister à la «chimie verte» de la nouvelle plante. Il se passe la même chose qu'avec les bactéries qui ne supportent pas les hydrocarbures fossiles, contrairement à celles des tourbières qui ont eu des milliers d'années pour s'y adapter. Voilà pourquoi planter un eucalyptus ou un conifère, hors de son biotope primaire est une erreur : en plus de tuer le sol avec ses huiles essentielles, un eucalyptus selon sa taille pompe de 200 à 700 litres d'eau par jour. Dans la forêt domaniale de l'Estérel au-dessus de Cannes, plus rien ne pousse sous les arbres plantés dans les années 60. Au Congo, dans le même cas de figure, neuf plantes subsistent alors qu'un minimum de soixante espèces différentes poussent sous n'importe quel autre arbre. Une si piètre biodiversité n'empêche pas certains écologues de prôner l'eucalyptus comme solution au reboisement. Selon eux, l'arbre, très résistant, n'a pas son pareil pour reconstituer rapidement le couvert végétal nécessaire à la pousse des grands arbres locaux. Préférant opter pour un reboisement facile, générateur de crédit carbone, ils participent ainsi au mouvement mondial de destruction de la forêt en sacrifiant la vie du sol et la biodiversité du lieu. Le seul fait qu'il y ait du vert leur suffit, qu'importent les détails. Nous observons avec la prolifération des eucalyptus dans les Andes, en Afrique, dans le sud de l'Europe, en Asie, une accélération généralisée de l'érosion qui s'accompagne d'une diminution des réserves d'eau du sol. En 2005, pour lutter contre la progression de la sécheresse, les Sud-Africains ont lancé des campagnes d'arrachage d'eucalyptus et de pins[12], pour planter des arbres autochtones et ainsi réhabiliter le réseau hydrologique et retrouver le niveau d'humidité moyen du pays. Pour comprendre simplement ce phénomène, il suffit d'observer quelle est l'ombre la plus appréciée entre celle de l'eucalyptus ou du manguier : personne ne reste longtemps sous l'eucalyptus chaud et sec.

Certains justifient l'invasion mondiale de la monoculture d'eucalyptus par la production de pâte à papier. Pour contrer cet argument, il suffit d'abord de se renseigner auprès des fabricants sur sa piètre qualité, puis de donner la parole aux botanistes pour des alternatives compatibles avec la fertilité du sol et les rendements agricoles. On oublie aussi que les huiles essentielles d'eucalyptus sont hautement inflammables, même dans les conditions humides de la Galice, au nord de l'Espagne, qui a subi l'un des incendies d'eucalyptus les plus meurtriers de l'histoire.

Sur les bords du fleuve Congo, j'ai croisé une fleur qui peut remplacer ce fléau planétaire : une mauve qui pousse très vite, la *Kosteletzkya chevalierii*. Un hectare de ce grand hibiscus à fleurs roses produit autant de fibres pour la pâte à papier que sept hectares d'eucalyptus de douze ans d'âge. De plus il est comestible, contrairement à l'eucalyptus toxique, les feuilles de cet hibiscus, ses bourgeons et ses fruits sont délicieux. Il appartient au même genre que l'*Hibiscus sabdariffa*, un classique de la gastronomie congolaise : c'est l'oseille acidulée servie avec le poisson émietté dans les feuilles de manioc, le *saka-saka*. Le pire est que je ne dis rien de nouveau. Cette plante a été découverte en 1902 par Auguste Chevalier sur les bords du Congo. Pourquoi

12 D. Robertson, « South Africa Water Project Clears Water-Guzzling Alien Plant Infestations », *VOA News Johanesburg* (22 mars 2005)

l'O.N.F. (Office National des Forêts) s'en est-il désintéressé? Cela concurrence peut-être son programme de recherches sur l'eucalyptus, qui prévoyait au Congo – loin de l'opinion publique – le développement via l'ORSTOM (Office de la Recherche Scientifique et Technique Outre-Mer) de 22 hybrides et quelques O.G.M. Au Brésil, le CIRAD[13], l'organisation agricole étatique française qui remplace l'ORSTOM, lance en 2014 les premières cultures d'eucalyptus O.G.M., interdites en France. Non contente d'être l'un des tout premiers clients du soja transgénique, la France plante les premiers arbres transgéniques pour produire de la pâte à papier, tournant résolument le dos à l'intelligence de la biodiversité botanique. Même de grands écologistes se sont laissés avoir. La première compensation carbone réalisée par Action Carbone a consisté à planter 700 hectares d'eucalyptus sur le sol des indiens Mapuche au Chili, accélérant l'érosion de leurs terres. L'opération commune «Fondation Carbone-O.N.F.» menace désormais à long terme les réserves d'eau et la fertilité de ce sol, déjà en première ligne des aléas climatiques provoqués par les épisodes de sécheresse d'El Niño. En 2007, avant que les arbres ne soient plantés, je croise les responsables de l'organisation[14] et les alerte sur la situation dans l'espoir de les faire revenir sur leur décision ou réparer leur erreur. «Trop tard», me répondent-ils, mais ils ne recommenceront plus. Plus récemment, leur travail de plantation avec les communautés Kogis de Colombie démontre l'effort qu'ils vouent désormais à la protection de la biodiversité des arbres indigènes.

----

13 «Plantations d'eucalyptus: combiner sylviculture et génétique pour une hausse raisonnée des rendements», communiqué de presse CIRAD (16 déc. 2011)
14 M. Tiberghien pour Y. A. Bertrand, responsable du programme Action Carbone 2007

UN CHAMPIGNON SAUVE L'AFRIQUE ET PROTÈGE LES GRATTE-CIEL

Tout le monde sait que les pôles fondent. Personne ne parle du gradient d'humidité de la forêt inondée sur l'Équateur qui s'assèche, perdant plus de 15 % en 30 ans. Le fleuve Congo compte aujourd'hui 120 jours non navigables contre 60 en 1980, aucun avant 1940. Entre temps, la température augmente de 1 °C en vingt ans. Il fait tellement chaud et humide déjà, qui s'en rend compte ? Les climatologues congolais, dont Clobite Bouka Biona, parlent désormais de la sécheresse de la zone équatoriale humide, comme un effet déterminant du bouleversement climatique. C'est le résultat d'un processus mondial, auquel s'ajoute la déforestation[15] du deuxième plus grand massif forestier au monde. Le taux annuel de déforestation de 0,17 % paraît ridicule sur le papier, mais sa réalité est terrifiante sur le terrain. Avec les arbres disparaît tout un écosystème, dont 90 % du vivant réside sous terre. Les plus gros arbres, les plus vieux, les plus chers, dominent cette chaîne alimentaire qui vit en symbiose complète, et font le lien entre la terre et le ciel pour maintenir les équilibres fondamentaux. Mais voilà déjà le *Caloncoba welwitschii* qui apparaît en pleine forêt. Ce petit buisson médicinal, avec ses grandes fleurs blanc et jaune, nous dit que le terrain a été bousculé. Un grand arbre a fait place à une clairière et le gradient d'humidité passe au-dessous des 80 % habituels. Les micro-organismes du sol ne sont plus assez robustes pour protéger les cacaoyers ou le manioc alentour, qui sont désormais la proie du virus de la mosaïque. Il n'y avait pas de trace d'attaque de mosaïque sur ces espèces avant l'an 2000. En 2015, au Congo, 60 % de la récolte de manioc, la base alimentaire de toute la région, est à jeter. La famine s'annonce. Les chimistes profitent de la menace pour occuper le terrain et vendre des solutions, sans vraiment questionner les causes. La fondation

---

15 B. Tchatchou, «Déforestation et dégradation des forêts dans le bassin du Congo», CIFOR (2015)

Gates cherche à sauver le manioc au Nigeria grâce à la haute technologie génétique. Le plan Marshall, qui a fait de l'Europe le meilleur client de l'Amérique, serait-il en passe de se répéter avec l'Afrique ? Pourra-t-elle continuer longtemps de dire « non » à cette manne « humanitaire », comme elle l'a fait courageusement à la conférence des parties sur le climat de Copenhague ? Peut-être bien... grâce à la qualité des scientifiques africains qui n'ont pas fini de nous surprendre. La solution ne serait-elle pas dans le sol ? Si les êtres du sol résistent, ils augmenteront la vitesse de croissance et l'efficacité du développement des plantes. Comme ces mycorhizes se reproduisent très vite, il est possible de les faire évoluer en quelques jours pour qu'elles acquièrent la capacité de résister aux bouleversements causés par l'homme. Les essais en Colombie, le biotope originel du manioc, sont prometteurs : en plein champ, les mycorhizes introduites permettent une récolte cinq fois supérieure à la normale. Reste à mon équipe à généraliser l'essai à tout le bassin du Congo et à s'appuyer sur l'arbre pour qu'il protège l'ensemble du système à long terme.

Cet enseignement de la forêt profonde du Congo, ces recherches sur la vie du sol, nous permettent de réintroduire le sauvage où il n'a plus sa place. En octobre 2015, à la biennale d'architecture de Shanghai, mon équipe dévoile une « peau vivante », conçue pour recouvrir un gratte-ciel de 250 mètres de haut, totalement anti-feu, qui se nourrit pour une bonne part de la pollution ambiante et sur laquelle se développent toutes sortes de plantes comestibles et médicinales. Faire disparaître ces édifices froids et minéraux sous une végétation aussi luxuriante que celle des temples d'Angkor est un grand espoir pour notre équilibre futur. Que ce soit au fond de la forêt profonde équatoriale humide ou en plein brouhaha shanghaïen, la fleur et ses symbioses nous offrent toute une palette de solutions que nous commençons à peine à explorer, pour inverser peu à peu les cycles catastrophiques du climat qui nous sont promis.

Il est tellement facile de créer un désert

PAR LE FEU

Auguste Chevalier, le créateur de l'ethnobotanique (la botanique étudiée en regard de l'homme) se rend une vingtaine de fois au Congo de 1902 à 1956, et en revient toujours avec la même recommandation : « Arrêtez de couper et brûler la savane, la forêt, pour cultiver si vous voulez que vos enfants aient quelque chose à manger ! Brûler la terre tue le sol. » Cent ans plus tard, je fais le même constat, bien que les mentalités semblent évoluer. Le rapprochement de l'agriculture et de la science de la vie du sol en train de s'opérer au Congo, ouvre la voie de l'agroécologie. Il est crucial de commencer par cette région car sur l'Équateur, la donne climatique va plus vite. Il faut garder en tête qu'un hectare brûlé équivaut en émission de CO_2 à 6 000 voitures circulant pendant 24 heures, libérant un cocktail de polluants encore plus dangereux et persistants. Plus d'un milliard d'hectares ont brûlé en Afrique cette année. D'ici quelque temps, trouver de la forêt à brûler relèvera de l'exploit. Derrière le feu, la vie a du mal à reprendre : les microbes de surface ayant brûlé, un étage entier de la chaîne alimentaire du sol a disparu. Les mycorhizes souffrent également mais peuvent repartir des bribes qui n'ont pas cuites. Le sol donnera une récolte ou deux, puis il y aura quinze ans de jachère avant la remise en culture. Alors on brûle de nouveau et c'est terminé, le désert s'installe. Le charbon est formé de carbone actif et de sels minéraux brûlés. Il est classé dans le groupe 2B des carcinogènes du Centre international de recherche sur le cancer. Seuls les champignons s'y attaquent. Depuis les années 2000, la recherche pharmaceutique s'intéresse beaucoup aux sucres *beta-glucans* fongiques pour lutter contre le cancer. Au Japon, plusieurs molécules bénéficient d'autorisations de mise sur le marché (AMM). Après le brûlis, les plantes nous décrivent la situation : le sol est tellement toxique que celles qui reprennent spontanément sont des herbes sans racines, des stolons qui restent en surface sans pénétrer le sol. Mais tout espoir n'est pas perdu…

En milieu tempéré, une zone incendiée est immédiatement identifiable à la présence de tanaisies (*Tanacetum vulgare)* aux belles fleurs jaunes odorantes. On s'en sert d'épice pour la viande rassise, avec parcimonie car elle n'est pas comestible. La tanaisie est aussi un excellent anti-parasitaire (tics et puces). Au sol, elle tient à l'écart les acariens qui mangent les mycorhizes, laissant ces éclaireurs de la vie se développer pour digérer le carbone. Sur l'Équateur, au Congo, le champ brûlé sera vite entouré de buissons de tournesols mexicains (*Tithonia diversifolia)*. C'est l'un des meilleurs engrais verts au monde, comme si tous les nutriments du sol s'y étaient réfugiés. Coupé et haché grossiè-rement pour former un *mulch*, on en couvre les graines semées. Ainsi les bactéries de surface du sol peuvent-elles reconquérir le sol brûlé. Ce savoir ancien n'est pas enseigné dans les lycées agricoles.

Les effets néfastes du carbone actif n'ont pas empêché des ingénieurs agronomes américains de vanter le charbon comme engrais (le «biochar»). Brûlé dans un four à pyrolyse, le bois de chauffe se transforme en charbon puis est récupéré et enfoui dans le sol pour nourrir les cultures et stocker de l'eau. C'est ce qu'ils appellent l' «effet gagnant-gagnant» : le charbon tue les bactéries qui n'ont pas été détruites par le labour. C'est le deuxième programme de compensation carbone mis en place par Action Carbone en 2008. Seul celui qui ne fait rien ne se trompe jamais, me direz-vous. Mais les paysans indiens sont les grandes victimes de cette inculture[16], sans la moindre alternative, ni les moyens financiers de ceux qui les conseillent pour revenir en arrière. À moins d'opter pour une agriculture artificielle, hors-sol, ou de participer au potlatch de la terre où chacun apporte

---

16 A. Ernsting, «Biochar – A Climate Smart Solution ? », *Bischöfliches Hilfswerk MISEREOR* (2011), e.v. Dic.

les nutriments de synthèse et la chimie pour se protéger de la vie alentour…

PAR L'EAU : VENDS-MOI TON DÉSERT

L'eau contient du sel qui «brûle» la terre. Les engrais chimiques sont aussi des sels, bien sûr. Ils aggravent les risques de sécheresse et de salinisation du sol. Mais il est possible de saliniser, sans chimie. Là encore, rien n'échappe aux fleurs. Dans un sol qui n'a pas de traces de chimie de synthèse, les premières traces de sel sont décelées par le délicieux céleri sauvage, *Apium graveolens*. Il pousse dans les terres riches en espèces rares qui aideront la future reconquête des terres détruites par la guerre et l'agriculture conventionnelle. Le céleri sauvage est à l'origine de celui qui est cultivé. Il est reconnu comme un bon draineur de sel pour le sol et d'urée pour l'homme. S'il disparaît avec tous les microbes qui vivent avec lui, la plante domestiquée disparaîtra elle aussi : c'est une loi de la botanique inflexible. À l'inverse, un sol gravement touché par les herbicides et les sels fera lever la *Datura stramonium*, plante hallucinogène, ultra-toxique, médicinale, dont il faut laisser l'usage au médecin. La plante supporte les symbioses avec les micro-champignons *Trichoderma Ssp.* et les levures *Saccharomyces cereviciae* qui vont casser les molécules de l'herbicide[17] pour les manger.

Créer un désert avec le feu, la politique de la terre brûlée d'accord, mais avec l'eau… Dans l'eau de source ou de nappe phréatique, il y a en moyenne un gramme de sel par litre. On arrose quand il fait chaud et sec. Comme en général 95 % de l'apport en eau s'évapore, par mètre cube cela revient à un kilogramme de sel pour les 50 litres d'eau qui restent. De l'eau de mer en somme. Au début, l'arrosage, c'est un petit coup de pouce qui devient

---

17 Zheng et al., «Sorts and Characteristics of Microorganisms Capable of Biodegrading Pesticides in Soil», *Journal of Huanggang Normal Univ. Wuhan* (mars 2005)

vite une dépendance totale et raisonnée. Le sel est addictif. Si l'on doit aux Égyptiens la (mauvaise) pratique du labour qui retourne la terre, enfouit les bactéries qui vivent de l'oxygène et remonte celles des profondeurs qui meurent à son contact, les Babyloniens, eux, lui ont ajouté l'arrosage intempestif. En 2000 ans le Croissant fertile est devenu un désert pour derricks de pétrole. Au seuil des années 30, à force de labourage et d'arrosage intensifs, les Américains transforment en l'espace de six années l'Oklahoma en Dust Bowl, levant des nuages de poussière sur Washington et Wall Street à des milliers de kilomètres de là. Un drame national… Le président Roosevelt crée une commission scientifique spéciale, la Soil Conservation Agency, dirigée par Hugh Bennett. Elle démontre que le labour est responsable de la perte de trois centimètres de sol par an, l'équivalent des dommages provoqués par une pente de 45 % sans couverture végétale en haut de l'Himalaya. La crise de 1929 achèvera les conséquences de la destruction du sol, en jetant les paysans des *Raisins de la colère* de Steinbeck sur la route 66, pour devenir la main-d'œuvre corvéable inespérée des usines de la guerre. La mort du sol, la destruction des fleurs, déracinent le paysan.

Ce sel et cette eau tuent les bactéries aussi. Elles sont constituées de protéines, d'azote et de carbone : en mourant, elles se décomposent en méthane (un gaz à effet de serre 22 fois supérieur au CO_2) et en protoxyde d'azote (à l'effet 298 fois supérieur au CO_2). Comme ces bactéries représentent 90 % de la vie sur Terre en poids, un hectare de labour produit une pollution équivalente à une journée d'embouteillages, place de l'Étoile à Paris. Ces gaz persisteront de 22 à 120 années dans l'atmosphère pour augmenter sa température. Non seulement il est facile de créer un désert, mais aussi nous mettons tout en place pour le perpétuer dans le temps. Sur la ligne de l'Équateur, j'ai pris un jour la température d'un sol nu, labouré, au soleil, à 11 h du matin : plus de 85 °C en surface, 56 °C à dix centimètres de profondeur. Un sol protégé par un couvert végétal de bonne densité est à

50 °C en surface, 26 °C à dix centimètres. Un sol non couvert cuit lentement. La fleur qui annonce ce désert est la plante la plus nutritive au monde, l'amarante, *Amaranthus blitum*, qui permettra aux candidats de l'émigration forcée par le changement climatique (provoqué par les mauvaises pratiques agricoles) de faire des réserves avant de partir.

En mars 2014, dans la campagne de Phoenix (Arizona), les Saoudiens achètent 25 kilomètres carrés de désert et quinze puits capables de sortir 1,5 milliard de mètres cubes d'eau, pour cultiver la luzerne, exportée en Arabie saoudite pour produire du lait et de la viande. Les Émirats arabes unis font de même quelques kilomètres plus loin et les Saoudiens, fin 2015, dupliquent le projet initial à San Diego. Il n'a pas plu en Arizona comme en Californie depuis cinq ans. La nappe phréatique n'est pas renouvelée. Tous les puits touchent les réserves fossiles. Les espaces verts que les Saoudiens créent à partir des aquifères locaux vont bientôt se transformer de façon irrémédiable en tas de sel, de la même façon que la péninsule arabique au temps de leurs ancêtres. La luzerne est en réalité de l'eau qu'ils pompent de l'économie locale pour l'exporter sous forme de luzerne à bas prix. En 2014, un milliard de litres de lait sont produits par 75 000 vaches parquées dans le désert saoudien, nourries à la luzerne et au foin cultivés dans le désert américain. Cette industrie, créée grâce aux pétrodollars, génère un profit de 459 millions de dollars US. Les Chinois s'installent aussi aux U.S.A. L'«usine du monde», au lieu de faire revenir les containers vides en Chine, les remplit désormais de luzerne compressée. Le transport est quasiment gratuit, d'un montant moindre à celui payé par les producteurs de lait de Californie car des volumes pharaoniques sont négociés. Ce commerce est passé de zéro en l'an 2000 à un million de tonnes en 2015.

DESSINE-MOI UN MOUTON, JE TE FERAI UN DÉSERT

En 2001, l'anthropologue Michel Brunet prend le contre-pied de la théorie de l'East Side Story du professeur Coppens, soutenue par la découverte de Lucy, en cherchant les origines du genre *Homo* en plein désert du Sahara tchadien. C'est dans cette région (le désert de Djourab) qu'il met au jour la mâchoire de Toumaï, le plus vieil *Homo* connu, qui vivait il y a sept millions d'années sur les bords de ce qui était alors le lac Yao. Ici, le processus de désertification commence seulement en 6 500 avant notre ère, parallèlement au développement de l'agriculture. Les hommes se réfugient peu à peu dans les oasis, les franges du désert et la vallée du Nil. Cette migration sépare l'agriculture en deux : les cultivateurs et les éleveurs nomades, désormais en perpétuel conflit pour l'utilisation des terres. Les frères ennemis transposent leur agriculture dans leurs croyances pour solliciter la protection du bœuf d'or contre Satan, le diable à cornes de bouc. Peu à peu, l'éleveur crée le mouton, plus charnu que la chèvre. C'est une pure invention des nomades, qui n'a pas de représentant sauvage. En 1870[18], M. Rorit, ingénieur des Ponts et Chaussées, vient transmettre devant la Société Royale de Géographie de Londres, son expérience des déserts asiatiques qu'il a traversés depuis son poste de Trébizonde, le port du Nord-Est anatolien : « La nudité de l'Arabie et les grandes pistes du nord-ouest de l'Asie, la stérilité qui se répand comme une tache d'huile sur la Perse, ne peut être attribuée à aucune autre cause qu'aux habitudes pastorales de ses habitants. Comme de véritables sauterelles, ils détruisent tous les bois, toute la végétation, jusqu'à modifier le climat lui-même – d'où la nécessité des migrations. Les invasions barbares ont-elles une autre cause ? Une étude approfondie dans ce sens nous donnerait vraisemblablement la clé des grandes migrations humaines. Ces nomades détruisent la forêt par la hache et le feu, leur chèvres finissent le travail jusqu'aux racines. La chèvre est

----

18   J. Murray, *Royal Geographical Journal* (1870), pp. 463-473

une hache incendiaire qu'il faut éliminer – elles broutent jusqu'aux roches. En Grèce, elles sont aussi nombreuses que les pierres. La destruction des anciennes villes grecques, l'ensablement de leurs ports, n'a pas d'autres raisons que la coupe des arbres de leurs montagnes. »

Pour observer les ravages du surpâturage, il suffit d'aller au parc national du Mercantour. Cela commence par des « chemins de chèvres » qui se creusent en parallèle partout dans la montagne, même sur les champs de cailloux. Puis ils se croisent en losange – c'est à partir de là que le sol décroche, quand il ne reste plus une plante pour le retenir. Le parc naturel est laissé au mouton pour l'estive. Un particulier qui cueille un chardon bleu des Alpes peut écoper d'une amende de 70 000 euros et d'une peine de prison ferme – quand le mouton le broute et l'agriculteur l'arrose d'herbicide. Cet *Eryngium alpinum* figure pourtant sur les panneaux explicatifs des plantes remarquables à l'entrée du parc… À côté, la grande fétuque (*Festuca altissima*) occupe le terrain car le sol est mort, ses stolons tracent à la surface de la terre. Dans les Alpes, cette herbe suit les moutons. Elle est vigoureuse et envahissante, alors pour entretenir le parc, il faut plus de moutons. Nous sommes ici au sommet d'une chaîne de destruction qui fait boule de neige et culmine dans les catastrophes et les inondations cycliques qui touchent jusqu'au Var, en aval. Non seulement toute la biodiversité des plantes disparaît, mais comme le sol n'a plus les capacités de capter l'eau et les nutriments, il est lessivé. Il suffit d'observer le barrage plus bas, qui est continuellement nettoyé de ses alluvions par les pelleteuses. Il faut voir les tas de boues qui sont retirées pour saisir l'ampleur du phénomène. Du côté des Pyrénées, en 2013, Gérard Ducerf « botanise », lorsqu'il se trouve pris dans un vallon par un gave grossissant à vue d'œil. Dès qu'il le peut, il se réfugie dans la vallée adjacente, plus calme. Peu après, Lourdes est inondée. Le point commun entre tous les gaves qui ont subi et participé à l'inondation cette année-là est la surpopulation de moutons. La solution ? Diminuer la pression du nombre, faire bouger les animaux pour que les plantes et le sol puissent récupérer. Pour cela, la nature a inventé le loup. Les bergers n'en veulent pas et personne ne veut assumer les conséquences de leur égoïsme.

Les fleurs nous montrent l'évolution vers le désert. L'ambroisie, *Ambrosia artemisifolia*, nous indique le point de non-retour, le moment où le sol décide de ne plus lutter. C'est elle qui apparaît dans la grande prairie américaine, lorsque les cervidés et les bisons n'ont plus de prédateurs. Après avoir vu disparaître loups et cougars qui gênaient l'activité humaine, les gardes du Grasslands National Park au Canada ont laissé la nature sans plus y toucher. Malgré leurs meilleures intentions, ils ont observé l'une des dernières grandes prairies au monde se transformer peu à peu en désert par la pression animale. C'est seulement en l'an 2000, lorsqu'ils ont réintroduit les grands prédateurs, qu'ils ont observé le processus s'inverser. L'herbe est revenue, en l'espace de deux ans, les traces de désertification ont disparu. En France, en 2013, dans le parc national des Salins de Ré, on a coupé court à l'«entretien» de l'herbe par les moutons car ils ont créé une explosion de chardon, une modification profonde de cette flore précieuse.

L'AGRICULTURE, UN ÉQUILIBRE QUI DÉPEND DE L'HOMME

Contrairement aux apparences, je ne tire pas à boulet rouge sur l'agriculture, loin de là. J'alerte sur une certaine vision industrielle faisant peu de cas de la vie, ignorant l'évolution propre à la nature, davantage guidée par des croyances approximatives que par la connaissance scientifique : une agriculture qui participe aux désordres climatiques actuels alors qu'elle pourrait les résoudre. L'agriculture repose sur un équilibre qui n'est pas naturel et doit être entretenu en permanence avec soin. Alors que l'évolution de la flore tend naturellement vers la forêt, l'agriculture demande à l'évolution de suspendre son vol entre la plante annuelle et bisannuelle : il ne faut surtout pas laisser les plantes vivaces s'installer. À partir de là, le paysan sélectionne et améliore ses graines, ses cultivars. Ce sont des cultures qui apprennent progressivement à vivre avec les êtres de leur sol, leur terroir.

Chaque fleur jouant un rôle particulier sur le sol, elles peuvent aider l'agriculteur à préparer le sol et à le nourrir en y apportant les «compléments alimentaires» pour son projet de culture. Ce sont d'une part les plantes du couvert végétal sous lequel sont semées les graines, qui, en se décomposant, nourrissent les cultures; d'autre part, ce sont des «tisanes», des plantes médicinales que l'agriculteur apporte au fumier composté pour qu'en plus de nourrir, il soigne et prépare le sol aux aléas à venir: par exemple, le millepertuis associé au calendula aide le sol à supporter les coups de soleil du réchauffement climatique; l'ortie fournit les nutriments pour qu'il fixe mieux la silice, structure son carbone et absorbe mieux l'azote; le chardon va le pousser à débloquer le phosphore pour l'assimiler, la moutarde ou le radis vont «gérer» la potasse... Chacune des fleurs qui indiquent la présence excessive ou insuffisante de nutriments va rapprocher le sol de l'équilibre agricole recherché pour la culture par l'agriculteur, l'animal.

J'utilise ce terme à dessein car le cycle agricole intègre l'animal. Une interdépendance du vivant existe vraiment. L'animal fait pousser ce qu'il mange. Cela va du rapport Carbone/Azote (C/N), qui définit la qualité d'un engrais, à l'hormone de l'animal qui déclenche la levée de dormance de chaque type de plante. Le cheval, qui vit dans les sous-bois, produit un fumier hyper-carboné qui fait pousser arbres et arbustes. Ce phénomène arrive même si l'animal n'a jamais connu autre chose que le box et le foin qui va avec. C'est bien un phénomène hormonal. La vache qui a préservé la grande prairie dans son état naturel sans qu'elle ne devienne une forêt, fournit l'engrais idéal des espèces de notre agriculture céréalière, elles aussi issues de la prairie. Le mouton ne produit que de l'azote, il brûle les sols et entretient les petites graminées de garrigue qui annoncent le désert. La chèvre produit de la «crotte de bique», comme le lapin, de l'engrais qui ne sert à rien. Les oiseaux survolent un vaste territoire pour répandre un engrais très concentré en azote. Ils se nourrissent de graines et de fruits ; au contact de leurs fientes, les plantes montent directement en graine. Si l'on veut manger des feuilles en salade, mieux vaut éviter l'engrais de poule. Le cochon et l'homme, tous deux omnivores, produisent un engrais très concentré en azote, toxique. Ces deux espèces, capables de couvrir plus de 100 kilomètres par jour, sont capables de nourrir de vastes territoires : mieux vaut éviter de les utiliser, car les excès nocifs sont très vite atteints. Sauf pour la truffe qui a co-évolué en symbiose avec eux. Ses spores doivent passer par l'estomac de l'homme ou du cochon pour germer. Je pense que l'avènement du tout-à-l'égout a rendu la truffe rare et chère en rompant ce cycle naturel.

LE PARADOXE QUI COMBAT LE DÉSERT
Une fois ces symbioses comprises, l'agriculture peut devenir une arme pour lutter contre la désertification et le changement climatique. La solution n'est pas toujours où on l'attend : les grandes prairies vivent en symbiose avec des ruminants en mouvement permanent sous la menace de super prédateurs. Pour reconquérir le désert, il faut suivre cet exemple en utilisant des vaches en pâturage intensif, qui bougent et restent peu de temps sur une même parcelle réduite. L'important est de laisser le temps à l'herbe de récupérer, de reprendre et au sol de se recons-truire avec le fumier. Si les mouches gênent, il suffit d'ajouter à ce cycle un «tracteur de poulets», des poulaillers roulants, dont les locataires produisent des œufs délicieux en mangeant les vers des bouses, les oiseaux participant également à l'entretien de la biodiversité de l'herbe de la prairie. Joel Salatin le démontre aux U.S.A. depuis 2005, James Savory en Afrique. Gérard Ducerf et moi-même l'avons prouvé sur les grandes étendues d'Argentine, associées à l'agroforesterie d'arbres et de buissons d'essences vétérinaires. Cette technique de lutte contre la désertification, en éliminant toute chimie et culture transgénique, nous a aussi permis de rendre à l'état sauvage la moitié du territoire

(20 000 hectares) sur lequel nous travaillions. La biodiversité floristique protégée peut ainsi s'exprimer à fond et se transformer en réserves d'espèces qui peuvent réensemencer en permanence l'espace agricole et garantir la richesse du terroir. Quel bonheur de compter désormais sur ce territoire de 40 000 hectares plus de 3 000 espèces de plantes sauvages différentes, juste la moitié de la flore française – ce qui est exceptionnel. C'est désormais le paradis des colibris et des mélipones, les petites abeilles sauvages sans dard qui retrouvent toutes leurs fleurs à butiner pour nous offrir le meilleur des miels.

En Afrique équatoriale, où le bétail endémique qui n'existe plus est difficilement remplaçable par les hippopotames, nous envisageons de créer des fermes de chauve-souris pour récupérer le véritable guano. C'est l'un des meilleurs engrais pour le maraîchage, riche en azote, qui peut parfaitement compenser les excès de matières végétales de la forêt du Congo. C'est aussi le moyen de sortir des villes les chauves-souris, l'un des vecteurs d'Ebola. Une fois composté, le guano devient sain pour les cultures et les hommes qui les mangent. Tous ces engrais, pour atteindre un maximum d'efficacité et sans risque microbien, doivent absolument être compostés : une digestion bactérienne qui monte en température, suivie d'une digestion mycélienne à température ambiante. Pour les espaces «irrécupérables» en train de basculer dans le désert, il reste les termites qui reconstruisent l'argile en symbiose avec les mycorhizes et bactéries des forêts. Il y a toujours une solution. Au Congo, notre relevé botanique démontre que ce sont des espèces d'arbres de forêt profonde qui repoussent directement, sautant toutes les étapes obligatoires de l'évolution. Les termites sont les magiciens de la forêt. Tellement efficaces que l'on se demande bien pourquoi ils sont encore du genre masculin. Qu'importe. Ils gagnent minimum 30 ans sur l'évolution d'une forêt, en réunissant tous les éléments que réclame la croissance des arbres les plus sophistiqués qui, sans eux, auraient les plus grandes difficultés à pousser. Les termites sont des modèles agricoles. Ils nous enseignent les symbioses de la création et là encore, ce sont les herbes qui nous décryptent leur savoir. Partout où ils agissent, la fertilité du sol est flagrante, les meilleurs pâturages apparaissent. Ce savoir agricole est précieux. Les termites cultivent des champignons qu'ils nourrissent d'herbes qu'ils font pousser. Ils ont inventé une machine exponentielle pour produire la richesse qui se nourrit d'elle-même selon un cycle de fertilité puissant. Et puis, quand le système devient trop fertile, quand il produit trop d'azote, ils s'en vont pour retrouver un lieu pauvre et recommencer. Quelle leçon pour changer la donne du bouleversement que nous vivons et reconquérir les déserts que nous fabriquons !

L'IGNORANCE SÉLECTIVE

En 1699, l'Anglais John Woodruff fait pousser ses plantes dans de l'eau pure, de l'eau usée et de l'eau mélangée à du compost et de la terre, pour démontrer que plus l'eau est «sale», chargée d'éléments solides les plus divers, plus la plante profite. L'eau ne suffit pas, la plante se sustente des éléments les plus divers. En 1840, Justus von Liebig persuade le monde entier que les plantes ne vivent que de nutriments «inorganiques», des minéraux inertes, ce qui permet à l'agriculture de rentrer dans l'aire de l'économie des intrants NPK (azote, phosphore, potasse). La récolte devient fonction de la dose d'intrant, le sol est accessoire. Prenant appui sur le travail de Carl Sprengel, son contemporain, qui préférait voyager et «botaniser» plutôt que débattre, il démontre que les sels minéraux rentrent plus rapidement dans la plante que l'humus qui s'y retrouve à peine. Le pouvoir de conviction de Liebig est si fort que le constat de Jean-Baptiste Boussingault en 1865 ne soulève aucun questionnement. Pourtant, ce dernier prouve qu'il y a davantage d'azote dans une plante que dans les apports azotés dont elle bénéficie – il doit donc forcément y avoir une autre source, la fixation de l'azote par les bactéries, par exemple. Ce fait est établi en 1901 par Martin Beijerinck, l'inventeur de la virologie. Mais ces découvertes ne vont pas du tout dans le sens des projets industriels du modèle Sprengel-Liebig qui fonde l'«agriculture conventionnelle». Elles sont pourtant fondamentales pour la genèse de la connaissance de la chimie du sol. Il est encore facile, à cette époque, de glisser sur la complexité de la nature qui réclame l'intervention de disciplines si différentes. Et chacun insiste sur sa spécialité, comme je le fais moi-même en affirmant haut et fort avec ce livre que le sort de notre planète, notre survie, dépendent de la vie de notre sol.

Cela vaut également pour les entomologistes, face au couple agronome-chimiste. Régulièrement, les spécialistes des insectes dénoncent les effets contraires des insecticides. En 1978, le Dr Heinrichs[19] démontre que, dans les rizières américaines, l'application d'insecticide multiplie par 350 le nombre d'œufs pondus par chaque cicadelle brune du riz et fait disparaître tous ses prédateurs. Les nouvelles larves écloses sont totalement résistantes au produit. Cet exemple n'est pas un cas isolé. Mais quand il s'agit d'agriculture, les entomologistes sont aussi discrets que les botanistes, car s'ils dénoncent les «magouilles» de la chimie, qui va financer leurs études?

Peut-on parler d'ignorance sélective, entretenue à dessein? Les temps changent et les élites se rendent peu à peu compte des dégâts causés par les enveloppes distribuées à la politique par l'industrie dominante. Désormais, le sujet intéresse des philosophes à travers le monde, tel Mathias Girel, au sein de l'unité de recherche commune du Collège de France et l'École normale supérieure de la rue d'Ulm; en Angleterre, Routledge, l'un des leaders de l'édition scientifique, publie un «Manuel des études sur l'ignorance»[20] où l'agriculture tient la place d'honneur parmi les entreprises de manipulation des cerveaux, les fabricants

---

19   Heinrichs et al., *Environmental Entomology*, Entomological Society of America (1982)
20   M. Gross et L. McGoey, *Routledge International Handbook of Ingnorance Studies* (26 mai 2015)

de tabac. C'est intéressant pour un ethnobotaniste car le tabac est la plante du cerveau par excellence, celle qui permettait aux indiens d'Amérique de rechercher les sentiers de la paix. Mais là le but est tout autre. L'objectif est de dévoiler suffisamment d'un sujet complexe pour en occulter le reste. Un scientifique peut aussi être de bonne foi – tant sa science est spécialisée, compartimentée. Cependant, ce n'est le cas de von Liebig qui était un grand esprit de son siècle, époque à laquelle le naturaliste se devait de posséder toutes les sciences du vivant. Cette ignorance sélective se double d'une communication agressive pour des intrants coûteux et d'une volonté de dissimulation quant à l'impact sur la santé des agriculteurs ou quant au besoin réel de ces produits. Cette ignorance savamment entretenue se joue de la faim dans le monde qu'elle brandit comme épouvantail, n'hésitant pas à l'assortir de menaces de conflit millénariste : le manque de phosphate annoncé, la pénurie d'azote et je ne sais quelle étrangeté encore.

Revenons sur terre. Sans entrer dans les produits toxiques, prenons juste l'exemple d'un agriculteur qui acquiert un nouveau champ. Il procède en premier lieu à des carottages pour analyser sa terre. Maintenant que nous en savons davantage sur la vie du sol, le temps que les échantillons arrivent au laboratoire, toute la vie du sol est morte. Puis le laboratoire dilue le tout dans l'eau ou le brûle. Personne ne pourra dire si les minéraux en présence sont utilisables par la plante ou non. D'après ces résultats, la coopérative agricole lui délivre une ordonnance d'intrants, dont de l'azote en quantités généreuses. C'est autant d'explosif que les terroristes n'auront pas, de nitroglycérine produite en moins, me direz-vous. Dans ce cas de figure, l'agroécologie vient à la rescousse de l'agriculteur. En faisant le tour de son champ, il relève les plantes bio-indicatrices. Non seulement il apprécie les réels besoins de sa terre, mais surtout il prend la mesure de la dynamique de son sol qui lui permettra d'anticiper et d'affiner sa récolte. De plus, si son champ n'est pas trop intoxiqué par la chimie, il retournera chez lui avec une bonne cueillette d'herbes folles qui sublimera les pâtes du déjeuner familial.

Combattre cette ignorance sélective amènera indubitablement nos enfants à ne plus rechercher seulement les causes du réchauffement climatique, mais ses raisons profondes, car manifestement la volonté humaine intervient dans la communication des vérités scientifiques.

L'ESPACE AU SERVICE DE L'AGRICULTURE OU LE BIG DATA ?

La mode est au big data : collecter le maximum de données pour pouvoir gérer les intrants, les tracteurs par satellite, les investissements à venir, les emprunts des exploitants agricoles... Mais qui sont les informateurs ? Les fleurs comme nous le suggérons ? Il est tout à fait possible de comprendre la densité de la vie microbienne et son influence sur les éléments par leurs réactions chimiques, par l'oxydo-réduction compensée par les éléments en réaction et le climat. L'algorithme à beaucoup d'inconnues va vite être trouvé... La connaissance et le matériel vont rapidement se développer une fois que la dépollution des sols sera exigée du secteur de la construction.

Depuis 2005, Alain Gachet, fondateur de Watex, plus connu comme le « sourcier de l'espace », fait partie de notre équipe. Ce géologue, doué d'une expérience de terrain à la poursuite du pétrole sur tous les continents pendant 30 ans, cherche l'eau désormais. Il développe un logiciel pour décrypter les images-satellites radar des navettes spatiales de la NASA. Le radar descend jusqu'à 50 mètres sous le sol. Personne n'a cru dans ses recherches. En France, les scientifiques se méfient de ceux qui sortent du cadre universitaire, même si au fond ils en rêvent. Les décideurs fuient, échaudés par les « avions renifleurs », l'arnaque pour débusquer le pétrole depuis les airs montée sous Giscard d'Estaing afin de détourner les financements de la science. Jusqu'au jour où les recherches d'Alain stoppent deux guerres : il découvre une nappe d'eau sous le Darfour capable d'abreuver une ville de la taille de Mexico, et une autre près du lac Turkana, entre l'Éthiopie et le Kenya, une source de deux milliards de mètres cubes par jour. Il ne s'agit que d'eau renouvelable. Toutes les sources fossiles sont tenues secrètes. Au Pérou, la pointe ouest de Piura, décrite comme une jungle par Aymé Bomplan et Alexander von Humbolt en 1801, est aujourd'hui un désert. Avec Alain, nous avons pu retrouver toutes les rivières souterraines qui coulent sous le sable : un espoir pour renverser la donne climatique de toute la région. En Argentine, à Salta, nous avons révélé l'existence des fantastiques réserves d'eau qui coulent sous les déserts entre Salta et Cafayate, qui permettent le développement de la vigne, rare plante capable de plonger ses racines aussi profondément. Inutile de dire qu'au Pérou comme en Argentine, il s'est passé exactement la même chose qu'au Darfour : personne n'y a cru. Le désert n'a pas pu s'installer à Piura en l'espace de 200 ans. Les pauvres Indiens Calchaquis de Salta n'ont jamais pu créer un désert avec leurs maigres moyens agricoles. Déjà en Australie, il a fallu des années pour que l'on admette que les pratiques agricoles des ancêtres aborigènes aient pu provoquer la désertification des deux-tiers du continent. Que nos contemporains doutent de ces découvertes miraculeuses est parfois aussi une bonne chose (l'ignorance sélective à l'œuvre dans le domaine de l'agriculture peut être un bien après tout) : les conséquences d'un développement agricole intensif peuvent être pire que s'il ne se passe rien. Quoiqu'il en soit, il faut rendre hommage toutefois et témoigner de la plus grande reconnaissance au programme américain de la navette spatiale, aux astronautes de *Columbia* et de *Challenger* qui ont sacrifié leur vie pour cette mission, sans se douter qu'ils ont sauvé tellement de vies en Afrique dans l'ignorance générale. Grâce à eux l'agriculture peut nourrir les enfants du Darfour et du Turkana. Mais attention, il s'agit d'eau saumâtre, à manipuler avec intelligence sinon le désert reprendra la main.

QUI PEUT DIRE « JE NE SAVAIS PAS » ?

En 1994, l'espagnol Fernando García de Cortázar est le premier historien à commencer le récit de l'histoire de son pays par le changement climatique. Dans *Breve Historia de España*, le premier chapitre décrit l'état d'indigence et de dénuement du sol laissé par l'insouciance et l'ignorance de siècles d'histoire espagnole. Pour les auteurs grecs de l'Antiquité, l'Espagne était le pays des grandes forêts. L'agression industrielle antique commence par transformer la forêt andalouse en bois de fonderie ; ses mines de fer et de cuivre fournissent le bronze des armes des légions romaines et les forêts cuisent les milliards d'amphores d'huile d'olive dont les tessons forment la colline du Testaccio de Rome (30 mètres de haut sur deux hectares). Cette colline sèche et infertile est une preuve supplémentaire pour démontrer la stérilité de l'argile une fois cuite, mais les Romains continuent de brûler pour cultiver. C'est ainsi que s'ensable le delta du Guadalquivir et que se créent les 300 000 hectares du parc de Doña Ana. Les ports carthaginois d'Andalousie sont ensevelis les uns après les autres.

Avant García de Cortázar, le climat est rentré dans l'histoire avec le Dr Fuster[21] en 1845. Il reçoit des volées de bois vert de l'école des Chartes[22], suffisamment pour bannir la spécialité de l'école – jusqu'à ce qu'Emmanuel Leroy-Ladurie, un siècle plus tard, s'affirme en pionnier français de la discipline. Quel impact sur le public ? Qui fait le lien entre le « petit optimum romain » et le « petit optimum médiéval », les deux réchauffements climatiques à l'origine du développement de l'agriculture intensive de la vallée de la Durance qui en a totalement remodelé le paysage ? Qui fait le lien entre les cheminées des fées de Mées, ces forêts de colonnes « naturelles » apparues à la Renaissance, les églises

---

21   Dr Fuster, *Des changements dans le climat de la France* (Capelle, 1845)

22   L. Lalanne, *Bibliothèque de l'École des Chartes* (1846), vol. 7, num. 1, pp. 460-446

perchées sur leurs rochers à vingt mètres au-dessus des villages, avec l'érosion et toutes ces alluvions qui ont créé la Camargue? Qui fait le lien entre l'évolution du climat, l'agriculture et Aigues-Mortes au milieu des terres, un siècle après le départ des bateaux de Saint Louis pour les croisades?

Pourtant c'est bien ce que décrit Theodor Mommsen, l'historien allemand prix Nobel 1902, dans son «Histoire romaine» en huit volumes paru en 1886. En 1916, il est repris par Vladimir Simkhovitch[23] à Columbia University, qui centre le problème sur le non-respect du sol: le «petit optimum romain» se termine par une démographie galopante, un déboisement massif, une agriculture intensive, la ruine des sols, un réchauffement des températures et des grandes épidémies. De l'Europe aux U.S.A., y a-t-il encore quelqu'un pour dire que l'histoire ne peut pas se répéter? En 2010, toute notre équipe participe à la création d'une réserve naturelle sur neuf kilomètres de côtes de Murcie en Espagne. Nous replantons les espèces locales, les chênes ballotes qui avaient disparu, autour des trois derniers caroubiers qui ont survécu au milieu de 15 000 hectares. La première pluie, d'une durée d'une heure, est arrivée en février 2015. Il n'y a même plus de rosée alors que nous sommes face à la mer.

ASSOCIATION MULTICULTURELLE DE FLEURS BIENFAITRICES

Les plus grands historiens décrivent des civilisations qui dégénèrent par leur sol. Qu'en est-il de leur genèse? Au Pérou, pour conquérir un tiers de l'Amérique latine à des altitudes incroyables ou au milieu de jungles inextricables, l'Inca invente la nourriture du surhomme. En 2004, à Huancayo, la porte des Andes, un restaurateur indien me sert une pomme de terre, énorme. «N'ayez crainte, c'est une pomme de terre canadienne». La pomme de terre originelle, née au Pérou, est une nourriture de

---

23 V. G. Simkhovitch «Rome's Fall Reconsidered» *Columbia University Political Science Quaterly*, vol. 31, num. 2 (juin 1916)

pauvre, d'Indien. Elle est bien meilleure et offre 3 000 textures et goûts différents. Ici aussi, toujours la même loi botanique, si la plante d'origine disparaît, les cultivars de la planète entière disparaîtront. Il faut aller vite. Avec un entrepreneur de Lima, nous lançons le projet «T'ikka Papa»[24] . L'objectif est de sauver l'origine de la pomme de terre en rendant accessible à la gastronomie péruvienne plus de 300 cultivars anciens. Quel beau métier. Auprès des agriculteurs indiens, nous redécouvrons toute la diversité des techniques agricoles incas. Elles sont encore pratiquées. En parlant avec les anciens, les *shamanes curanderos*, en «botanisant», en explorant les musées et tous les récits possibles sur l'agriculture inca, ce qui nous marque le plus est l'ingéniosité mise au service de la diversité des associations de cultures pour permettre aux plantes de se protéger et se nourrir entre elles. La fertilité permanente du sol est une chose centrale : Pachamama, la terre, est mère de toute vie. Nous parlons ici de la pomme de terre, du maïs, de la tomate, du piment, du tabac, qui comptent parmi les plantes les plus importantes du monde moderne. Elles ont été créées et cultivées pendant des milliers d'années pour vivre ensemble et non se retrouver seules sur des milliers d'hectares. Chez l'Inca, rien n'est cultivé au hasard. Le maïs pousse au milieu d'une biodiversité de plantes bien définies : le haricot, pour l'azote et les insectes auxiliaires, le potiron pour couvrir le sol, éviter l'évaporation et enfin la poire de terre (le yacon ou *Smallanthus sonchifolius*, un cousin du topinambour) pour absorber l'excès d'eau et la lui rendre quand elle en manque. Car selon les études du généticien russe Vavilov, il y a deux maïs, le péruvien qui a besoin de beaucoup d'eau et le mexicain des terres arides. Les Occidentaux ont diffusé le maïs péruvien en ignorant son mode d'emploi et sa soif d'eau. Les tubercules de

---

24 Projet «T'ika Papa» pour la biodiversité de l'origine de la pomme de terre (2004-2010), en collaboration avec A&L Food Lima, médaille d'or F.A.O. 2006, Seed Award & BBC World Challenge for development 2007

yacon se comportent comme un chameau qui accumule l'eau et la restitue au besoin. Ils sont aussi craquants et sucrés. Ses feuilles font un thé amer qui soigne la goutte et régule le taux de sucre du sang. À côté, la pomme de terre rentre dans la terre, à partir de 2 000 mètres d'altitude, car la terre conserve mieux la chaleur diurne pour passer la nuit. En-deçà, comme toutes les *Solananceae* (tomates, tabac ou autres), elle pousse en surface dans un amas de branches de plantes en décomposition, le *mulch*, constitué de tagettes (*Tagetes minuta*) et de toutes sortes de fleurs qui protègent des insectes, où se développent les mycorhizes qui vont tirer l'azote des nématodes, les petits vers prédateurs qui se transforment en nutriments. Les fleurs des graminées qui poussent dans ce joyeux fouillis sont terminées par des fibres fines qui captent la moindre rosée pour entretenir une humidité constante dans laquelle s'épanouissent des champignons qui se nourrissent du mildiou et de l'oïdium.

Les Indiens qui préservent ces traditions sont rares. Ils ont appris à avoir honte de leur culture face aux conquistadors, piètres cultivateurs. Car l'apogée andalouse précède de trois siècles la découverte de l'Amérique. Le XIIe siècle voit la philosophie et les sciences s'épanouir avec la tolérance religieuse. Cette ère de légende culmine au moment de la publication du *Livre de l'agriculture* de Ibn Al'Awan de Séville, traduit en français en 1864[25]. Il commence par le sol en étudiant toutes les manières de le nourrir. Les gourmets citent volontiers ses conseils en matière de fabrication de foie gras ou de vinification. L'Andalousie, ce «royaume de l'art agricole» comme le nomme Guy Wrench[26], abrite 30 millions de personnes au XIIe siècle, ce qui représente à l'époque les populations réunies de France, d'Angleterre, d'Italie et d'Allemagne dans quatre petites provinces andalouses. Durant

25 Ibn Al-Awan (trad. J.-J. Clément-Mullet), *Kitab al-Felaha* (Herold, 1864)

26 G. Wrench, *Reconstruction by the Way of the Soil* (Faber and Faber, 1943)

la Reconquista, cette prospérité agricole permet encore un temps aux rois catholiques de rentrer dans l'âge d'or et de soutenir la forte demande d'aliments des expéditions d'Amérique. Seulement l'organisation industrielle et agricole qui s'est développée pendant les sept siècles d'*Al Andalus*, une fois sortie de son contexte multiculturel, de liberté religieuse et de recherche, s'est vite effondrée. Les détracteurs de cette époque peuvent toujours insister sur l'instabilité manifeste des pouvoirs politiques de ces siècles. L'économie générée par le sol et l'inventivité des hommes de cette époque demeurent exemplaires.

ATOMIC BABY, LA BOMBE DE FLEURS, L'ULTIME ARME DE RÉSISTANCE

La permaculture se raconterait comme un conte de fées si elle ne commençait par deux bombes atomiques à Nagasaki et Hiroshima. En 1945, Masanobu Fukuoka, ingénieur en charge des engrais et pesticides de l'effort de guerre japonais, réalise que ce à quoi il a dédié sa vie, la chimie de synthèse pour nourrir le monde, était une fraude. Son pays à terre, irradié, il lâche tout pour retrouver l'essentiel, cultiver la terre de ses ancêtres. Son objectif est de reprendre la voie de la nature. Il doit tout désapprendre, repartir de zéro. Zéro? Pire, il faut reconstruire le sol, réparer les dégâts du labour, effacer les traces persistante de la chimie de synthèse, rappeler les insectes auxiliaires qui ont bien raison de se méfier, retrouver les bactéries, les mycéliums symbiontes irradiées... Les arbres fruitiers? Plus de taille, vous êtes libres. Mais n'ayant jamais connu autre chose que l'intervention de l'homme, comment peuvent-ils se débrouiller contre les champignons, la cloque, les vers? Pas un seul ne survit. Retrouver son autonomie est un chemin de croix, rocailleux, ardu. Il est difficile de se défaire de la dépendance à la chimie. Mais la «conversion bio» nous rappelle aussi que l'agriculture est une religion. La croyance surpasse l'expérience, avec la météo comme volonté divine, les molécules de synthèse et les pesticides pour credo, forgée dans la simplicité d'un laboratoire qui nous octroie la domination sur la complexité du vivant. Alors il faut retrouver les semences de l'ancien Japon.

Le riz originel du Japon, *Oriza sativa vr. japonica*, a toujours été semé à la volée, sans labour, ni rizière – à se demander s'il aime vraiment l'eau. En 794, le shogun Sakanoue no Tamuramaro s'empare du pouvoir au nom de l'empereur Kanmu en matant les révoltes paysannes que ses ancêtres ont laissées s'organiser. Pour éviter d'être renversé par les raisons mêmes qui l'ont amené au pouvoir, le shogun se tourne vers ses ingénieurs militaires. Ceux-ci se rappellent de l'expérience du premier empereur chinois Shi Huangdi, mille ans plus tôt : un paysan qui détourne une rivière, laboure, entretient sa rizière et repique les pousses, n'a plus le loisir de penser à quoi que ce soit d'autre. C'est ainsi qu'a été créé le mythe fondateur de l'empire nippon, le *Kojiki,* où l'empereur devient fils du soleil et père des rizières. Le riz s'est adapté. Le riz originel reste aujourd'hui le secret de fabrication de quelques sakés ultra-prisés, capables de nous faire éructer les haïkus les plus mystérieux. Il pourrait libérer le paysan pour qu'il s'adonne à la poésie, à la philosophie. Mais l'agriculteur moderne peut-il le faire pousser ? Là encore Vavilov, le botaniste soviétique nous dit qu'*Oriza* a trois biotopes originels principaux : l'Indus, le Mékong et le fleuve Congo. Malgré tous les discours nationalistes de l'ère Meiji, le riz japonais est une sous-espèce issue des variétés asiatiques, venue avec les moines bouddhistes. Le riz est un mets de luxe. Le moine est habitué au gruau d'orge, au porridge ou à la *tsampa*, capable de pousser sur le sol le plus pauvre. Là est la solution locale inspirée de l'histoire : le riz est semé avec du trèfle, dans le champ où l'on récolte l'orge, avec un compost de buffle. Au bout de trois ans, Masanobu Fukuoka rivalise avec les meilleurs rendements du Japon.

La permaculture, le graal de l'agroécologie, est née. Il ne s'agit de rien d'autre qu'une évolution des techniques du Mékong, d'Amazonie ou d'Afrique traditionnelle. Cette terre reconstituée, renforcée, est capable de digérer beaucoup de polluants.

Ses mycorhizes sont prêtes à courir pour sauver le monde. Fukuoka voyage pour transmettre sa découverte. Les jeunes agriculteurs viennent du monde entier se former à ses côtés. Il est vieux, les jeunes ne sont pas suffisamment nombreux. Si l'agriculture est trop lente à se réformer, commençons plutôt par les déserts. En 1977, Deng Xiao Ping et Zhou Enlai prennent le pouvoir en Chine. C'est le moment de réensemencer le désert. Masanobu invente la bombe de fleurs. De l'argile, un peu de fumier, des boulettes pleines de graines de fleurs pionnières, qu'il jette par milliers depuis un avion sur le désert du Ganzu. C'était le haut lieu de pèlerinage bouddhiste au VIIIe siècle, à l'origine du riz japonais qui était cultivé dans les prairies représentées sur les fresques des mille grottes de Mogao à Dunhuang, au milieu du désert du Taklamakan.

LES GRAINES DE L'ESPOIR

Été 2011: de jeunes Syriens défient le pouvoir en distribuant des fleurs aux soldats. Ils manifestent pacifiquement, enquêtent sur les droits de l'homme. Une conscience politique bourgeonne dans l'esprit des étudiants. Les jeunes réclament le choix de leur avenir. La guerre éclate. En 2012, il n'y a plus de quoi se nourrir à Yarmouk, banlieue sud de Damas. L'administration est disloquée. Les approvisionnements sont coupés, il faut se débrouiller dans la ville. Les radios libres enseignent comment faire son jardin, sur le toit, le balcon, un terrain vague... mais il n'y pas de semences. L'État Baas a centralisé et planifié l'agriculture depuis 40 ans, récupéré les semences dans des silos pour vendre des hybrides qui ne peuvent pas se reproduire et ainsi contrôler le marché agricole. Bien avant la création de la banque mondiale de graines de Svalbard en Norvège, ils ont constitué leur propre banque à Alep, l'IRCADA[27], qui a collecté 135 000 variétés de blés, fèves et pois chiches. Pour un agriculteur, garder ses semences est

....
27   International Center for Agricultural Research in the Dry Areas

passible d'amendes et de prison. Pour survivre, les enfants lancent un message de détresse par Internet pour récupérer des graines. Berlin réagit. Des associations d'agroécologie, The 15th Garden et Via Campesina, prennent le relais depuis Beyrouth et la Turquie. Les graines paysannes viennent d'Allemagne, d'Autriche, de France, d'Espagne... Des jeunes font des tournées de projection de documentaires[28] à travers l'Europe pour récupérer les meilleures semences anciennes. Les camps de réfugiés en Europe font le lien avec la Syrie natale.

Été 2015 : un camp de réfugiés de la banlieue est de Berlin se transforme en potager bio. Avec les graines, les jeunes Européens se rendent compte que leur démarche est illégale et clandestine à tous les niveaux : depuis 2006, à cause du lobby des semenciers français, il est interdit d'échanger des semences paysannes anciennes, non répertoriées par l'Union européenne et de faire passer les frontières aux graines. En Syrie, faire un jardin est un acte politique suspect et dangereux. Nos enfants nous démontrent l'engrenage pernicieux dans lequel nous avons enlisé la liberté du vivant. Ils mettent le doigt sur les similarités des pratiques d'une dictature et de celles de l'égoïsme capitaliste. Gagner de l'argent est une bonne chose, détourner l'idéal européen de nos enfants en est une autre. La guerre permet de détruire des patrimoines paysans pour laisser la place aux grandes entreprises agroalimentaires qui s'installent avec des semences stériles, financées par l'aide humanitaire. Les paysans n'ont pas d'autre choix que de devenir dépendants. La graine, la semence paysanne deviennent le nouveau combat de la liberté.

En décembre 2009, les États africains disent non à l'aide internationale de la COP15 de Copenhague pour cette raison. En janvier 2010, juste après le tremblement de terre, Haïti refuse l'aide humanitaire de Monsanto, qu'elle voit comme les chaînes de l'esclavage moderne.

---

28   Z. et F. Beau, Tournée Graines et Cinéma (2014-2015)

De 2012 à 2014, l'IRCADA d'Alep a transféré à Svalbard un *back up* de 80 % des semences qu'elle préservait. En septembre 2015, le « tombeau de l'apocalypse » de Svalbard, comme l'appelle ses détracteurs, s'ouvre pour la première fois pour reproduire des graines au Maroc et au Liban, sauver ce patrimoine génétique sur lequel repose le futur syrien. Le monde s'interroge sur ce geste : communication ou sincérité ? Même si beaucoup de gens décrient le système de banque de semences et questionnent l'ingénuité de son financement, il faut se souvenir que l'initiative est celle des Norvégiens, un peuple aux aspirations humanistes profondes et qu'ils en ont soutenu l'effort principal.

Pendant ce temps, une partie de la jeunesse mondiale est entrée en résistance, la fleur au fusil. Jusqu'où leur action portera-t-elle ses fruits ?

CHAPITRE 3

Les fleurs et la santé

Le déni du sol nous tue

Nous sommes doués pour transformer une terre en désert, par totale inadvertance, avec les meilleures intentions, simplement en détruisant notre sol. La vie dépend étroitement de cette peau de la terre, ne serait-ce que parce qu'elle nous nourrit. Les civilisations babylonienne, romaine, andalouse... se sont effondrées avec la perte de leur sol et cela bien avant la dispersion massive de la chimie de synthèse du XXIᵉ siècle. Rappelons qu'au 1er janvier 2016, la Société américaine de chimie dénombre 101 242 519 molécules[1] chimiques de synthèse à la vente. Ce chiffre a doublé depuis cinq ans. L'impact de ces nouvelles molécules n'est pas anodin mais oublions un temps cette avalanche de nouveaux paramètres pour repartir des fondamentaux : et si la simple destruction d'un sol – en-dehors de toute intervention chimique de synthèse – pouvait affecter notre santé ? Ici encore les fleurs nous alertent et nous proposent des solutions.

LES FLEURS PROTÈGENT DES MÉTAUX LOURDS LA VIE À LA SURFACE DU SOL

« Les plantes se concurrencent ». Nous projetons dans le sol nos propres conflits. La culture d'une plante unique crée des déséquilibres chimiques et biologiques dans le sol. Les adventices, les « mauvaises herbes », poussent pour digérer ces excès. Comment pouvions-nous imaginer que des fleurs puissent rechercher un meilleur équilibre du sol et préparer de meilleures récoltes ? Tout cela pour nous ? Il est difficile de penser la nature en dehors de notre violence. Une synergie qui recherche le bien de sa propre volonté ? Suspect. Les conditions violentes font lever une suite bien précise de plantes comme nous l'avons vu lors du siège de Sarajevo. Nous n'avons rencontré aucune plante qui ait l'intention

----

[1] CAS database / A division of the American chemical society, mise à jour du 1er nov. 2015

de reproduire cette violence ou de contaminer le sol pour mettre la santé de l'homme en danger, bien au contraire. Les plantes essayent de maintenir en vie jusqu'aux êtres les plus exposés, ceux qui forment le premier étage de la pyramide alimentaire, celui du sol au contact de l'air.

C'est toute la problématique de l'agroécologie. Elle s'aide de la nature en utilisant un couvert végétal permanent pour gérer l'équilibre chimique naturel du sol entre chaque culture. Cette supposée «guerre du sol» se transforme en un cycle de vie organisée à l'avantage de l'homme. Les fleurs remplissent plusieurs rôles : elles absorbent les molécules qui ralentissent les cultures et les nutriments fournis par l'agriculteur ; puis, cassées pour former un couvert végétal, elles protègent les graines semées qui lèvent, tout en devenant à leur tour des nutriments, digérés par la vie du sol.

Certaines fleurs produisent des herbicides pour évincer les autres plantes, comme la piloselle ou l'eucalyptus qui poussent aux franges du désert et sur les sols pauvres ; d'autres fabriquent des herbicides contre elles-mêmes, pour réguler leur progéniture, comme le blé. Les cultures exsudent des molécules chimiques par leurs racines. Lorsqu'un épi de blé tombe au sol, tous ses grains sont les uns sur les autres. Le premier qui germe lâche une protéine allélopathique qui empêche la pousse de son voisin, de son frère. Cet enzyme réveille le coquelicot qui s'en délecte. Plus nombreux sont les labours, plus les fleurs rouges se rassemblent sur ce sol qui leur rappelle leurs origines, les bords de rivière sablonneux érodés. Lorsque les mycorhizes qui mangent les exsudats du blé et préfèrent le bon grain à l'ivraie, ont disparu, les coquelicots les aident à revenir. Plus ils sont nombreux, mieux le blé pousse. La biodiversité absorbe les excès. La parade agronomique inventée par l'homme s'inspire intuitivement de ce principe de biodiversité : il change de culture, d'une récolte à l'autre.

Les plantes à huile captent les éléments lourds du sol. L'huile est un acide gras, une structure ionique qui capte les métaux et les molécules de synthèse. Cette capacité permet d'équilibrer les excès du sol, de le dépolluer. Les pollutions se concentrent dans leurs graines. Ceux qui les mangent, les disséminent. Les pesticides aspergés sur un champ de blé ne sont pas censés affecter les abeilles, en-dehors de la période d'épandage, lorsque les deux-tiers du produit sont en suspension dans l'air. Les abeilles ne butinent pas le blé mais plutôt les tournesols cultivés juste après... et elles meurent : les néo-nicotinoïdes, interdits sur les cultures à fleurs, sont absorbés directement depuis le sol par le tournesol qui suit le blé. Un consensus scientifique[2] appuie ce constat, même si les preuves formelles de cause à effet sont très compliquées à réunir. La nature est complexe. Le tournesol est utilisé pour dépolluer Tchernobyl – récolté, il devrait terminer en décharges dédiées. Je n'ai pas d'informations quant au devenir de cette huile.

Dans *Plus clair que mille soleils*, Robert Jungk parle des scientifiques américains qui espionnent en France en 1944 à la recherche de l'uranium des V2 allemands. Ils ne trouvent rien mais passent du bon temps. Quand ils le peuvent, ils joignent aux échantillons de sol des bouteilles de vin pour leurs collègues restés au laboratoire. Dans les colis, rien n'est radioactif, excepté le vin. Imaginez la surprise du vigneron voyant, au lever, son vignoble « sécurisé » par les parachutistes américains, la veille du débarquement de Leclerc ! Les traces d'uranium ont été concentrées par les racines profondes de la vigne. Les bactéries, en profondeur, sans air, parmi lesquelles les *Clostridia*, produisent des acides gras tels que l'acide propionique. Ils se chargent d'ions métalliques qui remontent s'accumuler dans les pépins que, désormais, les pressoirs évitent d'écraser. Voici aussi pourquoi il

2   H. Charles, J. Godfray, T. Blacquière, L. M. Field, R. S. Hails, G. Petrokofsky, S. G. Potts, N. E. Raine, A. J. Vanbergen et A. R. McLean, « A Restatement of the Natural Science Evidence Base Concerning Neonicotinoid Insecticides and Insect Pollinators », *The Royal Society Proceedings B.* (mai 2014)

faut préférer les huiles de plantes aux racines de surface, comme l'olivier ou le colza, à celles de raisin ou de tournesol qui dépolluent trop efficacement les métaux lourds.

LE BIG BANG PERMANENT ET LES CARENCES EN ACIDES AMINÉS ESSENTIELS

Jusqu'ici, la nature régule. L'homme averti peut toujours y échapper. Mais que se passe-t-il lorsque le sol est bouleversé? La plupart du temps, l'essuie-glace est coupable. Celui qui l'a mis la première fois sur son engin n'a pas réfléchi aux conséquences. Un tracteur qui travaille sous la pluie chasse l'air du sol et le tue. L'argile devient collante, compressée, elle n'a plus d'élasticité. L'essuie-glace fait le même travail, en plus rapide, que le surpâturage du bétail, le labour, l'excès d'engrais ou la dynamite[3]. Les bactéries n'ont plus d'air pour vivre, les mycorhizes, les racines n'y passent plus. Un étage entier de la chaîne alimentaire disparaît par le seul truchement de pratiques classiques, banales, sans qu'interviennent les produits chimiques modernes. Ce sol bouleversé a un impact biologique direct sur l'homme et sa nutrition. À cela s'ajoute un impact bactériologique, chimique, qui se voit à l'œil nu: la biodiversité des fleurs a disparu. Il n'y a plus de couleurs dans les champs.

Commençons par la base de notre biologie, les «briques» de la vie, les acides aminés. Dans un sol vivant, les bactéries respirent et se déplacent. Les mycéliums ont l'espace pour grandir et relier les plantes entre elles. Ils échangent des ions qui génèrent un champ électrique, dont dépendent le transport et l'échange des nutriments. Rappelons-nous que les mycorhizes sont spécialisées dans l'extraction du phosphore, nécessaire à l'ATP[4] qui fournit les électrons impliqués dans les réactions biologiques fondamentales,

---

3 Strawn, Bohn et O'Connor, «Soil Chemistry», *Wiley*, 4e édition, p. 168
4 Adénosine TriPhosphate devient A.DiPhosphate lâchant l'électron qui sert d'énergie à la cellule.

comme celles des mitochondries. En 2015, des étudiants chiliens inventent un chargeur de téléphone et une lampe d'une autonomie de deux heures, qui se piquent dans le sol, histoire d'exploiter le potentiel électrique à l'œuvre autour des racines d'une plante. Gadget ? En réalité nous flirtons avec le big bang permanent.

Pour son doctorat de 1953, le biologiste Stanley Miller mélange de l'eau, du méthane, de l'ammoniac, du dihydrogène, du dioxyde de carbone dans un flacon ultra-aseptisé qui pourrait ressembler à l'atmosphère de la Terre avant que la vie n'existe. Dans cet espace des origines, il provoque des éclairs à l'aide d'un arc électrique, donnant ainsi naissance, non pas à la créature du Dr Frankenstein, mais à quatorze acides aminés. Miller démontre qu'il est possible à partir de matières inertes de créer les «briques» de la vie, des acides aminés à l'origine de toutes nos protéines et de notre A.D.N. Après sa mort en 2007, son assistant découvre des petites fioles sèches ayant servi à une expérience qu'il n'a pas eu le temps de décrire, qui contiennent 22 acides aminés.

Sur les 550 acides aminés connus, l'homme en utilise 22, dont 9 sont appelés «essentiels» car il ne les produit pas lui-même et doit les piocher dans la nature. La fleur fait la même chose. Une plante sauvage[5] contient bien plus d'acides aminés que son alter ego cultivé – ayant poussé dans un terreau stérilisé de laboratoire, sans mycorhize ni bactérie symbionte, conditions similaires à celles d'un champ après des années de labour et de pesticides. Nous savons que les champignons n'ont pas d'estomac. Ils digèrent les nutriments en-dehors de leur corps. Ils les véhiculent sous forme de nanoparticules à travers leur corps à très haute vitesse dans l'eau de leurs hyphes (filaments qui leur servent de corps), dont les parois sont en chitine, un sucre isolant. Des particules élémentaires qui voyagent dans une atmosphère simple sous un champ

---

5   W. E. Barbeau et K. W. Hilu, «Protein, Calcium, Iron, and Amino Acid Content of Selected Wild and Domesticated Cultivars of Finger Millet», *Plant Foods for Human Nutrition*, vol. 43 Is.2 pp. 97-104

électrique, cela vous rappelle quelque chose? Il est prouvé que les mycorhizes fournissent[6] des acides aminés aux plantes. Personne n'a émis l'hypothèse qu'ils pouvaient aussi en être les fabricants. Voici un scoop qui ferait un beau sujet de thèse: Dieu serait-il un champignon?

La santé de l'homme dépend de ces acides aminés essentiels. Celui qui ne mange que des plantes issues de l'agriculture avec labour s'expose à des carences en acides aminés essentiels – sauf s'il se les procure en consommant de la viande ou du poisson (nourris aux plantes sauvages). Le *vegan* qui ne consomme aucun produit animal, comme l'homme moderne qui accompagne ses légumes industriels par la viande d'un bétail nourri au maïs et soja transgéniques, ont tout intérêt à manger des plantes sauvages: leur système immunitaire en dépend.

LES VIEUX ARBRES SAUVENT LES ABEILLES

Les abeilles sont des sentinelles de notre santé. La disparition des abeilles n'est pas seulement un phénomène qui se déroule dans les plaines cultivées à grands renforts de pesticides. Les abeilles de montagne, évoluant à proximité des sites d'élevage, des stations de ski, des monocultures d'arbres, qui ont remplacé des prairies riches de 300 espèces de fleurs différentes, sont également touchées alors que la chimie de synthèse est moins présente dans ce milieu. Une abeille, comme une vache, trouve dans la biodiversité des fleurs tous les éléments nécessaires à sa santé. La biodiversité de pollens et de nectars lui est vitale. La santé de la vache peut toujours se maintenir avec des antibiotiques qui se transmettent à toute la chaîne alimentaire – dont nous faisons partie. En 1928, Alexander Flemming découvre les premiers antibiotiques en voyant ses bactéries digérées par le champignon que cultive son voisin de paillasse, le *Penicillum notatum*. En 2014,

---

6   H. Marschner et B. Dell, « Nutrient Uptake in Mycorrhizal Symbiosis », *Plant and Soil*, vol. 159, Is.1, pp. 89-102

Paul Stamets, mycologue américain, observe les abeilles au sortir de l'hiver dans son jardin. Il n'y a pas grand-chose à butiner. Il remarque qu'elles fondent toutes sur des endroits précis de terre et de vieilles souches d'arbres. Il n'y a pourtant pas de fleur. Elles s'y nourrissent du mycélium du grand *Stropharia rugosa,* tout bleu, et se délectent du gros *Fomitopsis officinal.* L'agaric pousse en forme d'étages, collé sur l'arbre, comme un petit immeuble de 70 centimètres de haut. Il porte le nom des fondateurs de la civilisation scythe, les Indo-européens des tréfonds de nos racines dont les mythes sont décrits par Georges Dumézil. C'est le champignon sacré des Amérindiens. Il coiffe les chamanes à leur mort. Il élimine autant les bactéries que les virus[7]. Les abeilles s'y gavent d'antibiotiques naturels qui renforcent leur système immunitaire mis à mal par la pénurie de biodiversité. Ce sont des *Beta glucans,* des sucres qui ne persistent pas longtemps dans l'organisme. Plutôt que faucher de manière aveugle les bactéries sur lesquelles nous avons eu la chance de tomber, ils stimulent les lymphocytes de nos défenses immunitaires qui vont digérer les gêneurs. Ce joli polypore protège l'homme des principales bactéries pathogènes[8], empêche le développement des sarcomes de 145 types de cancers[9], dont le cancer du sein et de la prostate[10]. Aujourd'hui ce champignon a pratiquement disparu d'Europe. Je l'ai croisé deux fois en l'espace de 50 ans : dans une très vieille forêt angevine et comme objet de décoration, figé par

---

7   P. Stamets, « Antiviral Activity from Medicinal Mushrooms », brevet US 20050238655 A1
8   Robbins et al., « A Survey of Some Wood-Destroying and Other Fungi for Antibacterial Activity », *Bulletin of the Torrey Botanical Club*, vol. 72, num. 2 (mars-avr. 1945), pp. 165-190
9   S. Wasser, « Medicinal Mushrooms as a Source of Antitumor and Immunomodulating Polysaccharides », *Applied Microbiology and Biotechnology*, vol. 60, num. 3 (nov. 2002), pp. 258-274
10   Chen, Shiuan et al., « Chemopreventive Properties of Mushrooms Against Breast Cancer and Prostate Cancer », *International Journal of Mushrooms* (2005), 7 (3) pp. 342-343

des couches de vernis, à la brocante de Villeneuve-lès-Avignon. Pourquoi ce trésor aux formes généreuses de Vénus de Willendorf est-il au bord de l'extinction ? Parce qu'il ne pousse que sur les très vieux arbres. Aujourd'hui la forêt est «gérée», comme si l'homme avait son mot à dire. Résultat, l'enrésinement généralisé de la forêt européenne fait disparaître les remèdes préparés au cours de millions d'années. Heureusement des gens avisés récoltent les champignons survivants pour les reproduire. En 2015, Paul Stamets développe un mélange de mycéliums de champignons pour nourrir les abeilles qui n'ont plus ni les vieilles forêts, ni la biodiversité des fleurs pour se protéger. À la menace que représentent les pesticides s'ajoutent les ravages des parasites. Le varroa est une mite qui pond dans les ruches. Sa larve parasite l'abeille et mange le couvain. Phénomène inédit du temps où les ruches étaient de forme ovale, ogivale. Pourquoi les hommes font-ils des ruches carrées aujourd'hui ? Dans la ruche, l'abeille ne cesse de ventiler : chaque angle est un angle mort, où la mite s'insinue et pond. Pour préserver les abeilles, Stamets rajoute un champignon qui se nourrit du *Varroa destructor* : le champignon de sol *Metarhizium anisopliae*, découvert par Agostino Bassi, le héros que Louis Pasteur a oublié de créditer. Ce champignon mange le varroa mais aussi les moustiques, les criquets – mais boude l'abeille.

Paul Stamets a démontré les capacités antivirales de l'agaric contre quatre souches de grippes dont H1N1 et H5N1. Il ne l'a pas testé contre Ebola de manière scientifique, mais tout porte à croire qu'il fonctionne. Si seulement le bassin du Congo pouvait bénéficier à plein du potentiel que recèlent ses vieux arbres et des trésors qui les habitent. Ce sont des médicaments à portée de main, faciles à produire. Sans détruire l'arbre, un bout de mycélium d'agaric se reproduit sur de la sciure de bois fraîche, des résidus agricoles. En cinq jours, il y en a suffisamment pour être utilisé, soit directement, soit sous forme de teinture mère (après macération dans l'alcool de palme). Après deux heures passées dans la forêt profonde africaine sur l'Équateur à relever la biodiversité, nous comptons une cinquantaine de champignons médicinaux remarquables. Il faut placer nos espoirs dans les Africains pour qu'ils soient plus fins que les Européens qui n'ont pas su garder les trésors de leur forêt.

LA BIODIVERSITÉ DES FLEURS PROTÈGE NOTRE NOURRITURE

Une terre perturbée par l'agriculture ou la construction, après l'élimination des bactéries et des mycéliums qui vivent au contact de l'air en surface, entraîne la disparition de la diversité des fleurs ; une monoculture d'arbres ou les aménagements d'une station de ski provoque le même effet. En France, le botaniste Gérard Ducerf relève la biodiversité des fleurs depuis 1980. Dans le troisième tome de son encyclopédie[11], il dresse le bilan de ces trente dernières années : les pâturages de Chaffois, de l'A.O.C. comté, passent de 285 à 40 espèces ; certaines parcelles chutent de 251 à 14. L'alpage du Plan de la Lai, dans l'A.O.C. beaufort, passe de 241 à 44 ; l'alpage du cirque de Troumouse (parc national des Pyrénées), de 318 à 83 ; la forêt de Sainte-Foy en Brionnais (Bourgogne), de 87 à 5 – dû à la monoculture de pins Douglas ; le parc national des Écrins au col du Lautaret, de 373 à 84. Je ne cite ici que des références, toujours considérées aujourd'hui comme des hauts lieux de la nature.

Les A.O.C. se justifient par une biodiversité de fleurs, évoquée dans leur règlement. À travers elles s'exprime le terroir qui donne le goût au fromage. Le surpâturage des moutons et des vaches, l'accumulation de purins frais, au-delà des capacités de digestion des prairies, tuent la biodiversité des fleurs et des microbes du sol, dans les pâturages privés, comme dans les parcs nationaux. Il n'est pas rare de croiser des troupeaux qui dépassent les 2 000 têtes

11 G. Ducerf, *Encyclopédie des plantes bio-indicatrices*, vol. 3 (Promonature), pp. 32-37

par berger. Les Alpes n'ont jamais connu pareille invasion depuis les pauvres éléphants d'Hannibal qui ne faisaient que passer. Aujourd'hui, même les champs de cailloux aux sommets des parcs nationaux présentent les signes de surpâturage identiques à celles des prairies en aval.

Les panses du mouton et de la vache sont colonisées par les bactéries de leur environnement. Nous l'avons tous appris à l'école : la vache les utilise pour sa digestion. On les retrouve dans le profil microbien de son lait. La biodiversité des bactéries en présence dans le lait joue sur la qualité et le goût du fromage. Ce fait est à l'origine de la détermination de la production fromagère française à préserver les pâtes au lait cru[12]. La qualité de l'alimentation du bétail garantit la santé et l'innocuité des produits. La densité, le nombre sont aussi importants que la biodiversité et l'équilibre des populations bactériennes[13]. Le «bon» lait cru qui contient 15 000 bactéries par millilitre se fait rare. Les bactéries anaérobiques sont désormais directement à la surface du sol et s'accumulent toujours davantage avec les lisiers frais qui se compostent difficilement. Ces bactéries pathogènes pour l'homme sont en train de prendre le dessus. Pourquoi soutenir ces logiques d'élevage concentrationnaires avec toujours plus de vaches privées des alliées bactériologiques fournies par un sol vivant ? Que ce soit un pâturage encombré de vaches ou un système d'élevage hors-sol, le résultat est identique. Les agriculteurs sont-ils en train de tuer ce pour quoi ils se sont battus, le lait cru ? Cette deuxième décennie du XXIe siècle sera déterminante.

---

12 I. Verdier-Metz, V. Michel et al., «Analysis by SSCP Method of the Microbial Diversity of Milk Flora», *Sixth International Meeting of Mountain Cheese, Ragusa*, vol.1 et 2 (juin 2004)
13 V. Michel et al., «La flore microbienne de laits crus de vache : diversité et influence des conditions de production», *Le Lait* (2001), 81(5), pp. 575-592

En 2007, des scientifiques français[14] comparent une prairie de 17 espèces d'herbes à une autre de 50, un pâturage de montagne normal et un idéal. Conclusion : les oméga-3 augmentent en fonction de la biodiversité. Les antioxydants qui bloquent l'action carcinogène de la myoglobine de la viande sur notre colon, augmentent avec la biodiversité. Au niveau du goût, selon le panel de l'étude, la variété des espèces n'a aucun impact. Le lait, produit dans les années 80 par des vaches paissant dans des prairies de 300 espèces de fleurs, est définitivement oublié. Les gras polyinsaturés font les gros titres. La biodiversité des principes actifs en présence est ignorée.

L'ALUMINIUM DU SOL MORT ET ALZHEIMER

Un sol peut-il être toxique en-dehors de toute contamination d'origine chimique ou radioactive ? En 2004, pour le stand des tendances du Salon international de l'alimentation (Sial), je suis chargé de la sélection des meilleurs produits du monde. Je contacte M. Durand, producteur de camembert à la retraite. Dans les années 70, son « Royal Montgomery » trône sur les tables de Buckingham Palace et de l'Elysée. Le fermier s'excuse : « Comment voulez-vous obtenir le même fromage ? Avant mes vaches produisaient 1 000 litres de lait, aujourd'hui 10 000 litres, pourtant mon herbe n'a pas changé ». Voilà pour le goût, l'onctuosité, le plaisir – les vaches ont changé. Mais M. Durand, le sol aussi a changé. L'argument santé mis en avant pour justifier le retour à une alimentation constituée à 100 % d'herbe en 2015 est le taux nettement supérieur d'oméga-3 dans les produits en fin de chaîne. Le reste est omis. On n'imagine pas que l'ablation d'un étage de la pyramide alimentaire du sol puisse avoir un impact sur la chimie du sol. L'absence de bactéries aérobies, un sol étouffé,

14   G. Tornambe et al., « Effet de la diversité floristique des pâturages de montagne sur le profil en acides gras et les caractéristiques sensorielles des laits », *INRA Rencontres autour des recherches sur les ruminants* (2007), 14 pp. 333-336

compacté, jouent directement sur le cycle de l'azote : les nitrates deviennent nitrites et sans l'élément oxygène, la matrice de la chimie du sol est bouleversée ; l'aluminium et le fer, au lieu d'être 2 positifs deviennent 3 positifs. Ils sont bien plus actifs sur leur environnement – dont nous faisons partie.

L'aluminium et le fer 3+ sont directement impliqués dans la dégénérescence nerveuse, nous le savons depuis 1987[15]. La somme d'expériences et d'articles scientifiques confirmant cette découverte est exponentielle. Notre système digestif étant entièrement tapissé de neurones, le processus commence dès l'ingestion. Le système nerveux adulte peut contenir ces excès d'aluminium, mais il a ses limites. Le bétail de certaines régions européennes très humides, où l'eau étouffe le sol, a toujours été sensible aux maladies de dégénérescence nerveuse. En Pays d'Ouche, en Normandie, ou dans le Pays Basque de mon enfance, il n'était pas rare de compter jusqu'à 10 % du bétail touché par la tremblante selon les années[16]. Les races autochtones s'adaptent. Elles résistent bien mieux. C'est pourquoi les Basques tiennent tant aux brebis manech à tête rouge ou noire, alors qu'elles produisent moins de lait que les autres. Ce n'est pas de la décroissance, c'est du bon sens.

La sensibilité génétique des races de moutons à la tremblante n'en fait pas pour autant des maladies génétiques[17], sinon le problème n'existerait plus avec la sélection paysanne. L'influence de l'environnement et la présence de métaux sous leurs formes pathogènes restent avérées. L'impact d'un sol malmené sur ces maladies est central. Le diagnostic intervenant jusqu'à 30 ans après le départ de la maladie, le résultat de cause à effet ne peut

15   Martin, Savory et al., « Transferrin Binding of Al3 and Fe3 », *Clinical Chemistry* (1987), 33/3, pp. 405-407

16   Programme européen Genomia, « Description des schémas de sélection des races ovines laitières des Pyrénées » (mars 2011)

17   Renaville, « Instantané sur la sensibilité génétique à la tremblante chez le mouton », *Filière ovine et caprine* num. 6 (sept. 2003)

vraiment être prouvé de manière catégorique. Ici l'épidémiologie ne sert pas, seuls des faisceaux de certitudes s'accumulent. La science botte en touche. La biodiversité floristique peut continuer à disparaître dans l'indifférence générale, de toute façon nous l'aurons bientôt oubliée avec ce que nous mangeons. Réveillons-nous !

LA NOURRITURE À L'ORIGINE DE LA VIOLENCE DE NOS ENFANTS

Champs labourés ou potagers retournés régulièrement, travaillés par temps humide, prairies surpâturées... l'origine de l'alimentation est importante. Agriculture biologique ou non, il s'agit ici seulement des bonnes pratiques agricoles, l'amour du travail bien fait. Après l'oxygène et la silice, l'aluminium et le fer sont les éléments les plus communs de la lithosphère. Ces deux métaux représentent en moyenne 30 kilogrammes par mètre carré dans la sphère racinaire d'une plante d'un champ agricole européen[18]. L'argile est elle-même un silicate d'aluminium maintenu en équilibre avec la matière organique par son environnement. Dès qu'il perd son oxygène et rentre en anaérobiose sous l'eau, l'aluminium a tendance à perdre un électron[19] pour devenir Al^{3+}, problématique pour notre santé. Comptabiliser chaque Al^{3+} actif, disponible dans le sol n'est pas une chose facile, tant il se présente sous divers aspects chimiques et biologiques, de polymères plus ou moins complexes, solides ou en solution. Le spectre de toxicité d'un sol pour les plantes et les animaux est vraiment difficile à quantifier par les techniques classiques de la chimie[20]. Il est bien plus facile de relever ses conséquences directes sur la vie alentour. S'il y a toxicité du sol, les premiers impacts se repèrent chez les bactéries des fleurs. Si elles ne sont plus là, c'est qu'elles ont été tuées – c'est aussi simple. Le microbiologiste Bernard Berthet, à

18   Strawn, Bohn et O'Connor, «Soil Chemistry», *Wiley*, 4e édition, p. 273
19   *Ibid.*, p. 136
20   *Ibid.*, p. 104

Marignier en Haute-Savoie, a développé une technique imparable pour évaluer la toxicité d'un produit : il étudie le profil bactérien du bol alimentaire de la vache, de l'herbe ou du foin qu'elle mange quotidiennement, et du lait, du fromage ou de la viande qu'elle produit. Ces bactéries pathogènes se retrouvent tout au long de la chaîne alimentaire. L'herbe d'un champ en hydromorphisme ou surpâturé voit ses bactéries «biogènes», pro-biotiques, celles qui favorisent la vie, dépassées en nombre par des bactéries «intermédiaires», capables de vivre autant avec que sans air, telles *Echerechia coli* et d'autres aussi pathogènes pour l'homme.

S'intéresser à l'agriculture aujourd'hui n'est plus un luxe. Si un adulte résiste aux déviances de notre nourriture industrielle, les enfants y sont bien plus vulnérables. L'évolution de cette agriculture est très récente, 30 ans à peine. La nourriture du bétail nous concerne au premier chef. En la matière, les pratiques courantes sont l'ensilage et l'alimentation à base de tourteaux. La lacto-fermentation est une très bonne chose en milieu aseptisé. Dans un champ, il est impossible de réaliser un vide parfait, il y a toujours de l'oxygène, et le foin ou le maïs n'y sont jamais pasteurisés ; impossible d'éviter les traces de terre et leurs bactéries désormais pathogènes en majorité. Il se produit des fermentations alcooliques et butyriques. En Argentine, j'ai vu de jeunes veaux totalement saouls et drogués par ces ensilages alors que les mères titubaient encore debout. À force, leur foie est touché. Ils perdent leurs défenses immunitaires. La seule alternative pour l'éleveur est de les mettre sous antibiotiques. En réalité, c'est le consommateur final qu'il met sous antibiotiques, à son insu. Je vous rappelle qu'à l'origine, les maïs sont des graines faites pour nourrir les oiseaux, ce sont des sucres bien trop rapides pour la digestion de la vache. Le soja, lui, est vraiment bien trop concentré en protéines pour elle. L'estomac des vaches n'est pas adapté pour ce type de nourriture, tous les jours ; de plus, lorsqu'elles sont élevées hors-sol, elles ne disposent plus de la biodiversité bactérienne nécessaire pour accomplir une digestion normale.

Le système digestif réduit ces aliments en blocs grossiers, alliés à beaucoup de sucres, ce qui cause une digestion douloureuse et génère la synthèse de peptides opioïdes[21] proches de la morphine. Un adulte y survit, il devient plus nerveux, plus violent. Un enfant sous drogue est en grand danger d'agressivité chronique, de dérèglement neuronal et génétique[22]. Le Dr Bernard Berthet a passé toute sa carrière depuis 1973 à démontrer l'effet de la nourriture sur l'homme. Cette découverte française méconnue ne cesse d'être validée par une masse de publications scientifiques depuis 2010 aux U.S.A. Ces recherches devraient réclamer notre vigilance pour la santé de nos enfants et nous convaincre qu'en détruisant le sol, nous provoquons la violence qui nous détruit. À cela, il faut ajouter les méfaits d'un tas de produits chimiques généralement terminés en « -cide » (« tuer » en latin) que nous utilisons au quotidien.

Revenons un instant au fromage français le plus populaire, le camembert : en 2015, il n'en existe qu'un seul à la vente labellisé « bio et A.O.P.[23] », produit par des vaches normandes élevées à l'herbe, garanti sans complément protéinique O.G.M sud-américain. La voie est ouverte, d'autres vont sûrement reprendre le flambeau.

LA FLEUR AU FUSIL : ALERTER ET DÉPOLLUER

Hors du laboratoire, les bactéries sont des indicateurs trop petits pour nous rendre compte de l'état de santé du sol. Les fleurs sont mieux adaptées à notre échelle. Comme chaque événement

---

21 Mysels et Sullivan, « Relationship Between Opioid and Sugar Intake : Review of Evidence and Clinical Applications », *Journal of Opioid Management* (nov.-déc. 2010), 6(6) : pp. 445-452
22 M. S. Trivedi, J. S. Shah, S. Al-Mughairy, N. W. Hodgson, B. Simms, G. A. Trooskens, W. Van Criekinge et R. C. Deth, « Food-derived Opioid Peptides Inhibit Cysteine Uptake With Redox and Epigenetic Consequences », *Journal of Nutri-biochemistry* (oct. 2014), pp. 1011-1018
23 Appelation d'Origine Protégée

perturbateur déclenche la levée de dormance d'une fleur particulière, rien ne reste dissimulé sous le tapis. La botanique, que l'on pensait une danseuse pour érudit, qui bloque le progrès, les autoroutes, les aéroports et les constructions tous azimuts, devient grâce au travail de Gérard Ducerf[24] un outil d'évaluation écologique des pollutions au service de notre santé. Cet outil vivant, nous sommes de plus en plus nombreux à l'utiliser et l'améliorer chaque jour. Il devient un langage avec la terre, une conversation qui nous dévoile les meilleures pratiques pour nous garantir une alimentation saine. À partir de là s'engage aussi un dialogue avec les autres sciences qui permet d'affiner la vision globale. L'intérêt de cette recherche est de toujours partir du terrain pour faire appel à toutes sortes de références historiques, chimiques, géologiques, microbiologiques...

Il y a les plantes qui lèvent leur dormance sous l'effet des pesticides de synthèse, des cendres d'origine fossile ou non, des polluants naturels, de l'aluminium et enfin des métaux lourds. Il y a aussi les indicateurs positifs, dont la présence révèle l'absence de pollution. En réalité toutes les plantes sont indicatrices, mais en voici quelques-unes qui sont cruciales pour notre santé. Les hydromorphismes et les sols asphyxiés font pousser les *Rumex* et les renoncules qui côtoient les chardons qui lèvent avec les excès de nitrites ; les métaux lourds sont indiqués par les *Reynoutria*, les renouées du Japon, les cendres par les tanaisies (*Tanacetum vulgare*) et le Seneçon du Cap (*Senecio inaequidens*). Les dangers chimiques – par ordre décroissant de dangerosité – sont désignés par la datura (*Datura stramonium*), les euphorbes (*Euphorbia lathyris* et *Euphorbia esula*), les cigües (*Conium maculatum* et *Aethusa cinapium*) et enfin les lampourdes (*Xanthium*). Si les têtes de liste en «pincent» pour les pesticides radicaux, cigües et lampourdes leur préfèrent les insecticides (la grande cigüe

----

24 G. Ducerf, *Encyclopédie des plantes bio-indicatrices*, vol. I, II et III (Promonature)

se régale de produits à cyanures). Ce sont toutes des plantes qui indiquent des produits de synthèse ou d'origine fossile. Elles ne dépolluent pas forcément mais elles permettent à la vie de ne pas suffoquer, de se réinstaller. Les fossiles mettent du temps à se digérer, bien au-delà de l'échelle d'une vie humaine.

Toutes ces plantes sont considérées aujourd'hui comme «invasives». Pourtant elles ne nous veulent que du bien et ne font qu'améliorer notre sol. C'est à se demander si elles ne révèlent pas plutôt un certain racisme congénital qui s'attaque à tout ce qui nous est étranger. Les plantes ne sont pas invasives, leurs graines étaient là depuis bien plus longtemps que nous. La pollution est invasive, l'acharnement de l'homme à perturber le sol l'est également. Ces plantes nous indiquent où ne pas cultiver, ni ramasser notre nourriture. Il faut apprendre à les écouter car elles nous donnent des pistes pour remédier à nos erreurs et réparer le sol que nous laisserons à nos enfants.

LE GÉNOME DE L'HOMME À LA FLEUR

La génétique existait avant l'ordinateur. L'une de ses toutes premières applications concerne les plantes cultivées, pour déterminer leur origine et leur place dans l'évolution. On a tendance à l'oublier car il n'y a aucun Anglo-saxon dans cette aventure – sauf l'Anglais William Bateson qui baptisa cette science nouvelle en 1905. En 1922, le botaniste Nikolaï Vavilov crée l'Institut panrusse des nouvelles cultures à Saint-Petersbourg – la première banque génétique de végétaux au monde. Il utilise la phylogénèse des plantes pour retracer l'évolution des cultures, l'origine du maïs, de la pomme, du riz… Vavilov recherche les variétés anciennes pour contourner les problèmes d'adaptation climatique et régionale, par la richesse de la diversité génétique. En 1940, Staline déclare la génétique «science bourgeoise»: Vavilov est condamné à mort par déportation au goulag. De retour en France, son assistant, le génial linguiste-botaniste-agronome André-Georges Haudricourt, tente de susciter à Paris l'intérêt autour de la génétique – sans succès non plus. Soixante-dix ans plus tard, la génétique est aussi incontournable que l'ordinateur. Il a fallu douze ans de calculs informatiques pour décoder le génome humain, finalisé en juin 2000. Les chercheurs s'attendent à décompter des centaines de milliers de gènes. Quelle ne fut pas leur surprise de n'en trouver que 20 000 alors que beaucoup de plantes dépassent souvent les 100 000 gènes. Relativisons cependant : les plantes ont quitté la branche commune de l'évolution, il y a 700 millions d'années. Nous partageons 20 % de notre génome avec les plantes ; de leur côté, elles partagent 60 % de leur génome avec nous. Ceci est possible car leur génome est répliqué à l'identique plusieurs fois. Par exemple, celui du riz *Oriza* est dit « allotetraploïde » car il s'y trouve répliqué quatre fois. Vavilov nous apprend par la génétique que parmi les quatre espèces originelles du genre *Oriza*, toutes ne sont pas asiatiques. L'une d'entre elles est originaire du bassin du Congo. Depuis 1902 ce riz sauvage n'a pas été décrit. A-t-il disparu ? Notre équipe de chercheurs au Congo n'a pas dit son dernier mot. Tout cela semble de la coquetterie de collectionneur pédant, c'est en réalité la sécurité alimentaire qui se joue ici face au changement climatique. Le riz asiatique est moins adapté à l'Afrique que l'africain.

Comparer le génome des fleurs au nôtre nous apprend que chez les plantes, le gène de la reproduction est collé à celui qui détermine la forme de la future pousse ; chez l'homme, ils sont très éloignés l'un de l'autre. Ce serait la raison[25] pour laquelle un bouleversement climatique ou environnemental peut causer chez les plantes une adaptation physique dans la génération qui suit ; chez l'homme, ce n'est pas son physique qui évolue à la génération suivante, mais son immunité ou sa physiologie. L'homme fait intervenir pour ce changement un très petit nombre de gènes, contrairement à la plante. Cette caractéristique génétique

....

25   J. Messing, « Do Plants Have More Genes Than Humans », *Trends in Plant Science*, 6 pp. 195-196

démontre le polymorphisme très courant chez beaucoup de familles de plantes. Chez l'homme, ces polymorphismes sont le résultat d'évolutions et de croisements bien plus lointains. Le fait de pouvoir boire du lait par exemple : il n'y a que les hommes en contact avec le bétail qui ont développé le gène. La majorité des hommes du bassin du Congo ou du Sud-Est asiatique n'ont pas ce gène, certains commencent seulement à l'acquérir par croisement aujourd'hui.

LA FLORE HUMAINE, SON BIOME, SON JARDIN SECRET

Ce gène du lait viendrait-il de l'extérieur, de notre environnement ? De la vache, du veau, de la bactérie, du virus ou du champignon qui vit avec eux ? En 2001, l'homme rentre dans une nouvelle dimension. À peine l'aventure du génome achevée, nous découvrons que nous ne sommes pas tout seuls dans notre corps. Pour nos dix mille milliards (10^{13}) de cellules humaines, nous comptons cent mille milliards (10^{14}) de bactéries et un billiard (10^{15}) de virus. Je passe sur les champignons et les levures, nous ne sommes jamais sûrs du chiffre et la plupart du temps ils sont tout simplement zappés par la majorité des scientifiques. Quoi qu'il en soit, c'est à se demander si nous ne sommes pas nous-mêmes les parasites de notre propre corps. En 2008, le projet du biome humain prend le relais de celui du génome. Contrairement à la graine qui naît avec la plupart de ses capacités, l'homme naît totalement inachevé. Il acquiert peu à peu ce biome qui le forme et le protège, dans l'environnement de ses premières années, en parallèle au développement de ses organes – et ce, dès le passage par l'utérus, où commence l'ensemencement. Notre système immunitaire se forge par ces rencontres. Il y a l'immunité innée : celle inscrite dans nos gènes qui fabriquent les enzymes, les protéines qui vont gérer les solutions mises en place par notre A.D.N. Puis l'immunité adaptative, réalisée par les lymphocytes selon une logique clonale : les lymphocytes se forment en fonction de chaque nouvelle infection et se clonent pour

« manger » les agresseurs viraux ou bactériens et les éradiquer ; une fois le problème résolu, les lymphocytes disparaissent mais le système immunitaire en garde un peu de côté pour réagir plus vite la prochaine fois. Nous co-évoluons avec ces virus et nous sommes en guerre permanente avec certains, comme la grippe, Ebola ou le V.I.H. Le lieu le plus évident de l'expression de ce biome est notre tube digestif. Là aussi, je ferai appel à l'image du champignon, dont le mycélium n'a pas d'estomac et digère à l'extérieur de son corps avec ses protéines, ses enzymes qui fonctionnent comme des catalyseurs pour assimiler les molécules sous forme d'éléments plus simples. Selon chaque type de milieu et chaque type d'élément à digérer, il est aidé par des bactéries adaptées, avec ou sans air, des virus, des moisissures plus ou moins spécialisées qui travaillent en groupe, depuis la roche, au plus profond, la nappe phréatique, jusqu'à la racine de la plante, en haut. Il suffit de retourner le mycélium comme une chaussette et nous obtenons l'image de notre tube digestif avec toutes ses bactéries, micro-algues, virus et champignons. En surface, ce sont des êtres qui vivent avec l'air et en profondeur, sans air. Il se passe dans nos tripes exactement ce qui se joue dans le sol. Bien sûr, ce n'est pas aussi simple, mais c'est l'idée. La différence ? Par notre façon de vivre, nous façonnons notre « sol ». Ce terrain, nous le transmettons pour partie via l'utérus et le ventre maternel. Le reste, c'est la vie qui y pourvoit. Ce biome, nous le fabriquons à partir de notre environnement et nous ne cessons de le répandre dans l'atmosphère qui nous entoure. Sur Terre, tout va bien, il ne se régule pas trop mal grâce aux chaînes alimentaires de la vie. Nous avons aussi inventé la chambre stérile où tous les microbes sont passés au crible. Le problème se situe dans la station spatiale internationale en orbite depuis 1998. Elle atteint aujourd'hui 110 mètres de long de tuyaux, 30 mètres de haut et 74 mètres de large pour 900 mètres cubes (sans gravité, les mètres carrés ne veulent pas dire grand-chose). En 2015, des scientifiques[26] découvrent l'existence de centaines de trillions de microbes différents qui se sont installés au fur et à mesure du passage des soixante et quelques personnes qui ont travaillé là-haut pendant quinze ans. La station spatiale a désormais son propre biome, échantillon concentré de plusieurs environnements terrestres auquel les astronautes doivent s'adapter. Aucune bactérie gravement pathogène n'y est recensée. Faut-il stériliser cette atmosphère et risquer éventuellement de favoriser des éléments pathogènes très résistants, ou est-il préférable d'entretenir cette biodiversité, en espérant qu'un équilibre sain se mette en place de lui-même ?

LE COLON ET LA FLEUR

Ces bactéries de notre biome, nous les imaginions dialoguer entre elles grâce à la chimie. En réalité, elles s'échangent aussi des gènes de leur A.D.N., des associations d'acides aminés qui dirigent et remplissent une fonction. C'est exactement comme si ces êtres avaient inventé l'application de nos portables modernes, deux milliards d'années avant l'homme. Tous ces échanges permettent à une bactérie qui arrive au contact d'un nouveau milieu d'être tout de suite «mise au parfum» par une collègue sur ce qui se passe pour savoir comment réagir.

Un exemple intime de nos relations avec les fleurs, de notre co-évolution, peut être explicité par la découverte de

---

26   A. Checinska, A. Probst, P. Vaishampayan, J. White, D. Kumar, V. Stepanov, G. Fox, H. Nilsson, D. Pierson, J. Perry et K. Venkateswaran, «Microbiomes of the Dust Particles Collected from the International Space Station and Spacecraft Assembly Facilities», *Microbiome* (oct. 2015)

la phylogénèse des lactobacilles[27] du colon[28]. Ces bactéries, présentes au plus profond de notre système digestif, seraient issues de celles qui vivent en symbiose avec les tubercules de l'asphodèle, *Asphodelus album.* L'hypothèse qui peut être avancée à partir de cette découverte génétique est celle de l'homme, sortant d'Afrique, qui a dû changer de régime : manger moins de fruits et davantage de fibres. Le gros colon devient plus gros afin de digérer les fibres dures. Les tubercules d'asphodèle sont fibreuses et viennent avec les microbes qui aident à les digérer. Ils se sont installés à demeure chez l'homme. Une telle découverte laisse entrevoir l'éventualité de pouvoir soigner le colon en s'adressant aussi au biome. Ces pistes situées à la croisée du sauvage, ces liens intimes avec la biodiversité peuvent nous offrir toute une nouvelle gamme de soins.

Dans les Andes, il n'y a pas l'asphodèle ultra-nourrissante de la Méditerranée, qui faisait les délices de Théophraste et dont nous avons totalement oublié les bienfaits aujourd'hui. Il y a le yacon, *Smallanthus sonchifolius.* Les Incas le plantent avec le maïs car il absorbe les excès d'eau qu'il relâche doucement lorsqu'elle vient à manquer. Les mêmes *Lactobacilli* et *Bifidobacteria* que ceux de l'asphodèle vivent en symbiose avec les tubercules de cette fleur andine de la famille du tournesol. On a découvert que ce soleil, la plante sacrée des Incas par excellence, servait de pré-biotique pour les microbes du colon, à tel point que ses tubercules réduisent significativement le développement

27 G. Lugli, C. Milani, F. Turroni et S. Duranti, « Investigation of the Evolutionary Development of the Genus Bifidobacterium by Comparative Genomics » *Applied Environmental Microbiology* (oct. 2014), 80(20) pp. 6383-6394
28 Y. Benno et T. Mitsuoka, « Impact of Bifidobacterium Longum on Human Fecal Microflora », *Microbiology and Immunology* (1992), 36(7) : pp. 683-694

des cellules cancéreuses qui s'y développent[29]. Les *curanderos*, les chamans andins, allient cette plante à la «griffe de chat», la liane *Uncaria tomentosa,* aux fleurs jaunes butinés par de minuscules colibris, en ajoutant les feuilles du grand arbre aux belles fleurs roses, oranges ou rouges, le lapacho, *Tabebuia impiteginosa.* Le médecin traditionnel inca réunit ces êtres complexes, ces plantes entières, en un faisceau actif pour aborder le problème sous tous ses différents angles.

LE DIALOGUE AVEC LA FLEUR POUR DÉCRYPTER LES ACTIFS UTILES À L'HOMME

Une partie de mon métier est de prospecter la nature, dialoguer avec les fleurs pour y décrypter leurs ingrédients utiles. C'est un enchaînement de savoirs, une «tambouille», un tricotage de chimie, biologie, évolution, mais aussi d'histoire, d'environnement, de biotope. C'est pour répondre au biotope que les plantes produisent leurs ingrédients actifs. Dans ce jeu, l'expérience de terrain, l'observation sont fondamentales. La découverte surgit de tout un ensemble de choses.

Dialoguer avec la fleur, c'est commencer par chercher à savoir si l'un de ses actifs a un rôle similaire sur la fleur comme sur l'homme. En 2009, j'étudie le rhamnose pour des industriels qui l'ont breveté comme ingrédient antirides. Il est produit par les plantes. C'est l'un des neuf sucres élémentaires de la vie, mais peu de légistes semblent au courant car cela ne les a pas empêché de le breveter. Il est rare et très peu connu. Il empêche les feuilles des fleurs de flétrir et c'est un antirides incroyable pour l'homme. C'est aussi l'un des passe-partout cellulaires universels. Les virus, comme celui de la peste, l'utilisent pour détourner l'attention des récepteurs des parois cellulaires et entrer infester une cellule.

----

29 N. de Moura et al., «Protective Effects of Yacon (*Smallanthus sonchifolius*) Intake on Experimental Colon Carcinogenesis», *Food and Chemical Toxicology* (août 2012), pp. 2902-2910

Mais il est si peu concentré, comment l'extraire ? Me rappelant du yacon des Andes et des sucres qui nourrissent les bactéries, en inversant le phénomène, il doit exister un microbe qui connaisse cette affaire. Reprenons la chaîne alimentaire : dans la plante, ce sucre est le premier élément à devoir être retiré pour permettre à la putréfaction de commencer. C'est lui qui rend difficile le compostage de la cabosse de cacao ou des pelures d'orange. Le premier pas de la décomposition est assuré par une moisissure de l'air. Au moment précis où je mène ces réflexions, le laboratoire de Valence en Espagne annonce par voie de publication que la moisissure *Aspergillus* produit un enzyme spécifique qui retire ce sucre et nul autre. L'affaire est résolue. À la télévision, le monde entier se plaint des algues vertes. Je regarde : 50 % de leurs sucres est du rhamnose. Grâce à lui, elles peuvent tenir au sec longtemps, sans mourir. Entre temps, le prix de ce sucre rare passe de 180 à 3800 euros le kilo. Les agriculteurs bretons ont de l'or sous les pieds. Quand vont-ils le découvrir ? C'est une autre histoire.

Le dialogue se prolonge en recherchant comment la fleur protège les trésors qu'elle fabrique contre les bactéries qui veulent les lui prendre. Une plante qui produit du sucre doit inventer toutes sortes de stratégies si elle veut le garder. Certaines de ces techniques peuvent tout à fait fonctionner sur l'homme. En 2005, en Argentine, les gauchos du ranch où nous relevions la biodiversité, perdaient tous leurs dents. Cela venait de l'alimentation ou de l'eau, je ne sais. Puis un jour, près de la Bolivie, j'ai vu un vieil homme avec des dents parfaites. Son truc ? Pour supporter l'altitude entre 3 500 et 5 000 mètres, il mâche des feuilles de coca. Il fait une boulette avec de la cendre d'amarante qui précipite la cocaïne. Il appelle cela « bica ». L'amarante brûlée est du véritable bicarbonate de calcium concentré. J'ai gouté, c'est très amer. Les vieux rajoutent du sucre et c'est là qu'ils ont des dents impeccables... On force les enfants à se laver les dents au fluor. C'est le treizième élément le plus courant de la planète et le plus réactif de tous les halogènes de la table de Mendeleïev. Il s'accroche aux ions positifs, au calcium généralement, pour devenir le fluorure de calcium. Seulement si un élément plus attractif, plus fort, comme le fer(III) ou un aluminium(III), passe devant, il y a. Étant donné l'état de nos sols aujourd'hui, nous l'avons vu, ces éléments sont dominants. On peut se demander si dans ces conditions le fluor ne causerait pas des caries[30]. En réalité, la carie n'a rien à voir avec le fluor. Le responsable est encore une bactérie : les *Streptococcus mutans* s'allient les unes aux autres, collées aux dents sous un bouclier de calcium qu'elles prennent où elles peuvent : c'est la plaque dentaire. En-dessous, elles festoient, produisent des acides et créent des caries. Le sucre du vieil homme des Andes est la *Stevia rebaudiana*. Je me plonge dans la littérature concernant cette fleur : elle ne cause pas de caries car elle n'a pas de glucose ; les recherches du moment ne sont pas très bavardes quant à l'interaction des bactéries et de la stevia. En réalité les sucres de la stevia se collent aux récepteurs que les bactéries utilisent pour s'agglutiner les unes aux autres. N'ayant plus de « mains » libres, elles ne peuvent plus former de plaque dentaire, donc plus de caries[31]. Ce sera démontré en laboratoire six ans après que je commence à l'utiliser tous les jours pour me laver les dents. Depuis je vais volontiers chez le dentiste car je n'ai rien à craindre. Si un enfant se brosse les dents avec du sucre, il le fait avec bien plus de plaisir. En 2015, l'université d'Édimbourg[32] découvre que la réglisse produit le même effet sur la plaque dentaire que la stevia. Les bâtons de réglisse qui continuent à être vendus en pharmacie, tels des remèdes de

---

30 « Osteoporosis : Calcium, Fluoride and Aluminum Interactions », *Journal of the American College of Nutrition* (1985), 4(1) : pp.121-128
31 F. Gamboa et al., « Antimicrobial Potential of Extracts from *Stevia rebaudiana* Leaves Against Bacteria of Importance in Dental Caries », *Acta Odontológica Latinoamericana* (2012), 25(2) : pp. 171-175
32 D. Campopiano, « Plant Chemical Could Prevent Tooth Decay », *School of Chemistry The University of Edinburgh* (juin 2015)

bonne femme, pourraient se révéler plus efficaces contre les caries que les dentifrices les plus sérieux.

L'ENVIRONNEMENT DÉTERMINE L'ACTIF DE LA FLEUR ET SON ACTION SUR LE BIOME HUMAIN

Le yacon, la stevia, le rhamnose sont l'objet de recherches où l'observation est servie par la science, la biochimie. Mais les fleurs permettent bien davantage. À partir du moment où l'on comprend le caractère bio-indicateur des plantes, la place et le rôle de chaque famille de fleurs dans l'évolution, son interaction avec l'environnement initient un dialogue qui nous met sur les pistes de leurs usages possibles. La fleur épanouie dans son biotope originel nous montre d'elle-même son potentiel santé pour l'homme. La première condition *sine qua non* est la comestibilité. Sur 7 000 plantes européennes, 5 000 sont comestibles. On laissera le reste au médecin et au fleuriste. Répandre les plantes comestibles – et le faire savoir – est essentiel. Je ne comprends toujours pas le rôle des paysagistes qui perpétuent l'action de leurs prédécesseurs britanniques en ensemençant partout des plantes toxiques et exotiques, sans parler de la terre qu'ils apportent, qui, la plupart du temps, est contaminée par les pires bactéries et virus imaginables. Le dialogue avec les plantes nouvelles ou méconnues se précise une fois que l'on reconnaît la famille à laquelle elles appartiennent. Nous avons alors une idée du caractère bio-indicateur qu'elles partagent avec les autres membres de leur famille et pouvons ainsi comprendre l'action qu'elles ont sur le sol, ainsi que leurs usages possibles pour l'homme. Il reste à confirmer ces recherches en compagnie d'un botaniste du cru car le doute sur l'identité d'une plante n'est pas permis si l'on veut lui attribuer un usage. En Birmanie, par exemple, notre équipe a conçu un parc pour un hôtel, qui a pour but «d'alimenter» les cuisines et fournir les plantes médicinales d'un spa. Biotopes et familles, les plantes m'ont guidé peu à peu d'elles-mêmes. À Châtillon-en-Michaille, au-dessus de Bellegarde dans le Jura, nous avons réalisé un jardin comestible et médicinal pour un H.L.M. de dix-sept hectares avec toutes les plantes originelles du Jura, que le surpâturage et l'enrésinement généralisé ont quasiment fait disparaître de la région. Ce refuge pour plantes vise à transmettre un savoir utile aux plus déshérités. C'est non seulement une manière de lutter contre le réchauffement climatique par la sélection de fleurs adaptées qui demandent moins d'entretien, mais c'est aussi faire naître le respect du sauvage : quand il s'agit de son assiette, on fait attention où on met les pieds.

Le biotope déploie les plantes qui aident l'homme à y vivre. Il m'est arrivé de composer une crème cosmétique réparatrice en analysant les rapports de biodiversité des équipes de biologistes de l'Antarctique : j'ai trouvé dans les micro-algues, les bactéries qui vivent dans les glaces, l'éventail le plus fabuleux d'actifs permettant à la peau de résister au soleil et aux conditions de froid extrême, capables de la réparer et d'éviter tout départ carcinogène. Même en Antarctique poussent toutes sortes de fleurs microscopiques. J'ai fait la même chose avec les plantes de mangroves. L'objectif sous-jacent de ces recherches est aussi de donner de la valeur à des plantes et d'attirer l'attention sur des milieux menacés par notre développement. Ces espaces précieux doivent être protégés pour l'équilibre de la planète. Il ne s'agit pas de les monétiser mais de leur permettre de conquérir davantage d'espace, de sensibiliser l'homme aux dangers que représenterait leur perte. Théodore Monod me disait toujours que chaque action devait avoir sa part d'utilité pour la planète. Deux raisons majeures pour commencer par protéger ces zones humides si l'on veut agir pour le climat : ce sont les nurseries de l'océan, sans lesquelles la vie disparaîtrait, et elles captent 100 fois plus de CO_2 que leur atmosphère immédiate n'en contient – un simple sol en capte 10 fois plus, s'il est vivant.

Créer des produits cosmétiques peut paraître futile. Aujourd'hui, un cosmétique est encore un cache-misère qui touche à la santé sans vouloir ni pouvoir le dire : cela ressemble à la boîte en bois des téléviseurs pour cacher un tas de choses, alors que seul compte l'écran. Pourtant la cosmétique s'occupe de la peau, le plus grand organe de l'homme : vingt mètres carrés, cinq kilogrammes et 200 espèces de bactéries et champignons pour la seule zone située autour du nez. Comment se fait-il que la peau soit hors la corporation médicale ? L'efficacité d'un cosmétique augmente de 60 % lorsque son principe actif est aussi ingéré[33]. De là est venue la mode des compléments alimentaires cosmétiques. Prenant le contrepied de ce principe, j'ai proposé le « complément cosmétique », c'est-à-dire un cosmétique qui agit en synergie avec la nourriture de base de chaque pays. Un cosmétique qui dialogue avec le biome digestif. Seule la fleur en est capable. J'ai développé le concept pour la Chine qui mange quotidiennement du riz, du soja fermenté, des algues, des champignons et boit du thé, cinq plantes qui ont une action fondamentale pour la santé de la peau. Dès qu'un cosmétique vient en synergie avec cette nourriture, son action est renforcée car il interagit immédiatement avec le biome. Il s'agit de prendre les actifs de chacun de ces condiments, cultivés dans les meilleures conditions et concentrés. De cette synergie entre la fleur et le biome, est venue l'idée de créer des déodorants qui évitent les mauvaises odeurs au lieu de les couvrir : une idée vieille comme le monde qui m'est venue enfant, en écoutant Curnonsky, le prince des gastronomes, se pâmant devant un camembert : « Ah ! les pieds de Dieu ». Les mauvaises odeurs sont créées par les bactéries de notre biome, que nous partageons avec certains fromages forts. Gérons-les, lutter contre ne sert à rien.

---

33 P. Morganti, « The Antioxidant Benefits of Oral Carotenoids for Protecting the Skin Against Photoaging », *NutriCosmetics : Beauty from Within*, pp. 185-198

« RESPECT POUR LA VIE »

C'est la phrase que ne cessait de me répéter Théodore Monod. Le tort que l'on fait aux fleurs se retourne toujours contre nous. Ce n'est pas une morale à deux sous, c'est le réel décrit par la science. Le glyphosate, l'actif de l'herbicide le plus utilisé au monde, a été conçu[34] pour étouffer les plantes en bloquant les actifs qui leur permettent de vivre, les shikimates[35]. Ces acides sont les précurseurs de défenses immunitaires tels que les tanins qui les protègent des prédateurs, des antioxydants comme le resvératrol, des acides aminés qui servent à fabriquer leurs hormones de croissance, de la lignine qui permet aux arbres de tenir debout, de l'acide salicilique avec lequel nous fabriquons l'aspirine... Bref l'acide shikimique est un passage obligé de la vie. La moindre blessure faite à la plante lance la synthèse de shikimates. *Shikimi* c'est le nom japonais de l'anis étoilé, *Illicium anisatum*, la belle fleur utilisée par la médecine chinoise contre la grippe aviaire, en petite quantité, avec la plus grande précaution car la plante est toxique. Au Congo, je m'en asperge avant de rentrer dans la forêt profonde. Mélangée à l'artémise, c'est le seul moyen que je connaisse pour résister aux mouches filaires qui pondent et produisent ces minuscules vers très désagréables qui se baladent sous la peau et font gonfler les mains comme des ballons de baudruche en quelques minutes. Si je n'en ai plus, le pastis de Marseille marche aussi, mais moins bien et c'est loin Marseille. Le fait que cela vienne de la médecine traditionnelle chinoise, comme l'artémisine, n'a pas empêché l'industrie pharmaceutique suisse Roche de breveter cet actif pour fabriquer le Tamiflu™. Encore un cadeau de la fleur privatisé. C'est la raison précise pour laquelle le prix Nobel de biologie, Sir John Sulston, l'un des biologistes

---

34 Klaus M. Herrmann, « The Shikimate Pathway », *Plant Physiology and Molecular Biology*, vol. 50 (1999), pp. 473-503
35 A. Samsel, S. Seneff, « Glyphosate's Suppression of Cytochrome P450 Enzymes and Amino Acid Biosynthesis by the Gut Microbiome : Pathways to Modern Diseases », *Entropy* (2013), 15(4), pp. 1416-1463

vainqueurs de la course du génome humain, celui qui a empêché que l'homme ne soit breveté, veut interdire le brevet sur le vivant. C'est comme pour une tapette à souris, on ne devrait pas breveter l'idée, le principe actif, mais le kit qui permet la capture de la souris. Même les prix Nobel sont ignorés : le 25 mars 2015, l'Office européen des brevets a décrété dans l'indifférence générale qu'un « produit obtenu par un procédé essentiellement biologique est brevetable »[36]. Un brocoli et une tomate sont désormais brevetés en Europe, combien d'autres vont suivre ?

Revenons à notre pesticide star. L'usage de l'actif bloquant les shikimates est justifié par le fait que l'homme ne produit pas ces acides. Donc il n'est pas en danger. Mais comment une chose pareille a-t-elle pu être crue ? La majorité des bactéries connues produisent cet actif. Même avant de mesurer l'importance de notre biome humain, cela fait très longtemps que nous savons que la digestion se fait à l'aide de bactéries. Un produit qui les met en danger impacte notre digestion. Nous connaissons désormais les menaces engendrées par la perte d'une strate entière de notre chaîne alimentaire interne. À l'origine de cette étude, le Dr Stéphanie Seneff du Laboratoire d'informatique et de l'intelligence artificielle du MIT de Boston, ne s'arrête pas là. Elle démontre que la perte de l'action bactérienne de notre tube digestif provoquée par le glyphosate est une cause majeure des maladies modernes : l'intolérance au gluten[37], la diversité des dégénérescences du système nerveux qui mènent à l'autisme[38] ; agissant en synergie avec l'aluminium, le glyphosate cause la dégénérescence de

....

36 Décisions OEB G2/12 & G2/13
37 A. Samsel et S. Seneff, « Glyphosate, Pathways to Modern Diseases II : Celiac Sprue and Gluten Intolerance » *Interdisciplinary Toxicology*
38 W. Morley and S. Seneff « Diminished Brain Resilience Syndrome : A Modern Day Neurological Pathology of Increased Susceptibility to Mild Brain Trauma, Concussion and Downstream Neurodegeneration » *Surgical Neurology Int.* (2014), 5 : 97

la glande pinéale, l'épiphyse[39]. Descartes disait que c'était le siège de l'âme. L'épiphyse est le troisième œil des reptiles. C'est le centre qui produit la mélatonine qui règle l'hypothalamus, gère notre rythme circadien, notre horloge biologique, la circulation sanguine, les hormones de croissance, la pousse des cheveux, le développement sexuel... En 2007, le chirurgien américain Sanjav Gupta, chef de service à l'Emory Hospital d'Atlanta et correspondant médical de CNN, fait analyser l'origine du carbone qui constitue son corps : 69 % provient du maïs... Les vaches sont nourries au maïs, le sucre est maïs, les gâteaux sont maïs, les boissons sont maïs... Il démontre ainsi que tout Américain est constitué désormais de carbone provenant essentiellement du maïs qui est transgénique aujourd'hui, modifié pour résister au glyphosate.

L'AUTISME ET L'HYPOTHÈSE DE LA FLORE INTESTINALE

En 2005, l'autisme touche une personne sur 166 aux U.S.A. ; une pour 45 en 2015 – et ailleurs dans le monde, une sur 147 en Europe et une sur 38 en Corée du Sud[40]. Le nouveau personnage créé en 2015 par *Sesame Street*, le programme télévisé culte des enfants américains, est autiste. Si cette progression hallucinante continue, l'autisme sera bientôt la norme. À ce rythme, le professeur Seneff prédit que 50 % des nouveaux-nés seront autistes en 2025. Elle demande aux responsables de cesser. Depuis 2013, aucun n'a osé l'attaquer en diffamation.

La vérité cruelle de la caricature de Riss en septembre 2015, décrivant une publicité de fast food qui accueille en Europe un enfant mort sur le rivage, face contre sable, fait penser à tous ces migrants érythréens qui se croyaient enfin saufs au Canada et en

---

39 S. Seneff, N. Swanson, C. Li «Aluminum and Glyphosate Can Synergistically Induce Pineal Gland Pathology: Connection to Gut Dysbiosis and Neurological Disease», *Agricultural Sciences* Vol. 06-2015, Article ID:53106, 28 pages
40 *Autism Speaks Online* (26 janv. 2015)

Suède. Depuis, l'autisme touche quatre fois plus cette communauté que le reste de la population. Certains justifient l'augmentation par une amélioration du dépistage. Effectivement, une question a été ajoutée au questionnaire de dépistage pour obtenir le chiffre américain de 2015 : « Votre enfant a-t-il été diagnostiqué de l'une des maladies de l'autisme par un médecin ? » Un parent ne déclare pas son enfant autiste pour s'amuser. En Somalie, il n'y a pas quatre fois plus d'autistes qu'aux U.S.A. Le changement d'environnement est suspecté. La génétique a trouvé six gènes responsables de l'autisme, il en manque. Le mécanisme n'est pas encore mis au jour. Voilà pourquoi les chercheurs se tournent aussi vers notre biome pour chercher des solutions complémentaires. 70 % des autistes souffrent de problèmes intestinaux. Là nous retrouvons les protocoles définis par le Dr Berthet à Montagnier dans les années 80. En établissant le profil bactérien des enfants, le Dr Derrick Mac Fabe[41] émet l'hypothèse qu'une part de l'autisme trouverait son origine dans la prolifération de *Clostridia* dans le tube digestif. Ces bactéries anaérobiques fabriquent l'acide propionique, un acide gras utilisé comme conservateur[42] dans le pain de mie et les baguettes pour sandwiches industriels, qui provoquent des effets neurotoxiques sur les rats de laboratoires, mais dont l'adulte semble récupérer. Nous avons déjà vu avec la vigne que l'acide propionique pouvait être un bon vecteur de métaux lourds ionisés. Le Dr Jeremy Nicholson[43] trouve des spores de *Clostridia* dans le gras du cerveau des autistes. À l'Imperial College de Londres, il cartographie toutes les maladies liées au dysfonctionnement

41 D. MacFabe et al., « Neurobiological Effects of Intraventricular Propionic Acid in Rats : Possible Role of Short Chain Fatty Acids on the Pathogenesis and Characteristics of Autism Spectrum Disorders », *Behavioural Brain Research*, vol. 176, num. 1 (janv. 2007), pp. 149-169

42 *E280* dans le classement alimentaire européen

43 J. Kinross, A. Darzi et J. Nicholson, « Gut Microbiome-host Interactions in Health and Disease », *Genome Medicine* (2011)

de notre biome digestif. Le Dr Martha Herbert[44] de Harvard explique très bien que cette hypothèse complète les recherches génétiques. Les liaisons cérébrales n'étant pas complètes avant l'âge de 3 ans, les conséquences sur le cerveau d'un événement qui détruit le biome digestif et favorise les *Clostridia*, par l'usage inconsidéré d'antibiotiques qui fauchent la plupart des bactéries, constituent une hypothèse qu'il ne faut pas écarter. Surtout que les hommes semblent plus sensibles à l'acide propionique que les femmes[45], ce qui pourrait expliquer pourquoi les hommes sont plus touchés par l'autisme. Ce ne sont que des hypothèses qu'il faut creuser davantage. Devant la détresse des parents, il s'agit de trouver des issues pour améliorer le quotidien des autistes et de leur famille, le temps que les généticiens y arrivent. Dans ce cas, des fleurs comme le yacon pourraient se révéler très utiles : la farine de ses tubercules est un pré-biotique[46] qui soutient les lactobacilles et gère la population des *Clostridia*. Le yacon est une fleur potentiellement salvatrice qui ne coûte pas cher, mais dont l'impact sur le biome intestinal n'a jamais été étudié au-delà de l'appareil digestif lui-même.

LE GÈNE PRIS ENTRE LE CANON À GÈNE ET LE VIRUS

Pendant ce temps, les fleurs américaines vivent une guerre supplémentaire : la pression des cultures génétiquement modifiées. Le génome a commencé à être modifié par biobalistique : le canon

....

44   M. Herbert, «Autism and Dietary Therapy : Case Report and Review of the Literature», *Journal of Child Neurology* (mai 2013)
45   K. Foley, D. MacFabe et al., «Sexually Dimorphic Effects of Prenatal Exposure to Propionic Acid and Lipopolysaccharide on Social Behavior in Neonatal, Adolescent and Adult Rats : Implications for Autism Spectrum Disorders», *International Journal of Developmental Neuroscience* (déc. 2014), pp. 68-78
46   J. Rojas et V. Vásquez, «Prediction by Artificial Neural Networks (ANN) of the Diffusivity, Mass, Moisture, Volume and Solids on Osmotically Dehydrated Yacon (Smallantus sonchifolius)», *Scientia Agropecuaria*, vol. 3 (2012)

à gène. Un gène est inséré en force dans l'A.D.N. sans que l'on sache vraiment où. Il peut très bien sectionner un autre gène qui produit une protéine, qui a une fonction. Coupé en deux, celui-ci produira deux protéines nouvelles, incomplètes ou malformées. Une chimère qui n'a pas évolué avec la vie. Si ces protéines se reproduisent, elles deviennent des prions. Des êtres capables de mettre en marche un processus cellulaire ou de l'arrêter sans se référer à un A.D.N. On commence à peine à dévoiler l'ampleur de la découverte de Stanley Prusiner, prix Nobel de médecine 1997. Ces protéines sont en général détruites par l'organisme mais rien n'exclut qu'il puisse en rester. Les prions sont plus connus pour leur rôle dans l'épidémie de la vache folle qui n'a rien à voir avec la manipulation génétique. Les scientifiques ont tout de même délaissé le canon à gène pour deux autres vecteurs de modifications génétiques : d'un côté, la bactérie qui crée les gales des plantes, qui déclenche leur cancer, et de l'autre, le virus de la mosaïque du chou-fleur et la mosaïque de la scrophulaire – souvenez-vous, la fleur du majestueux monarque. Autre rappel : la mosaïque est le premier virus découvert, celui qui a donné naissance à la virologie. Le virus a été amélioré pour le rendre capable de contourner les défenses immunitaires de n'importe quelle plante. L'Agence européenne de sécurité des O.G.M. avait annoncé que ces virus étaient sans risque, puisqu'ils n'encodaient pas de protéines – ils seraient bien les seuls dans ce cas dans la création... En réalité, ils produisent une protéine virale multi-fonctionnelle qui inhibe toute action immunitaire contre le pathogène[47] susceptible d'être dangereux pour toute plante qui rentrerait en contact avec ce brin de virus de la mosaïque. Il devient également potentiellement pathogène pour l'homme selon le laboratoire même de l'Agence

....

47   N. Podevin et P. Du Jardin, «Possible Consequences of the Overlap Between the CaMV 35S Promoter Regions in Plant Transformation Vectors Used and the Viral Gene VI in Transgenic Plants», *GM Crops & Food* (2012), 3:4, pp. 296-300

européenne[48]. De leur côté, bactéries et virus communiquent en s'échangeant des gènes de manière horizontale, simplement en se rencontrant. Que se passe-t-il si le virus de la mosaïque dans la nature se saisit du gène qui lui permet de contaminer toutes les plantes ? Que se passe-t-il si la plante rencontre la nouvelle protéine encodée ? Trente ans plus tard et après que des trilliards de trilliards de génomes ont été répandus sur la planète par l'intermédiaire des cultures de maïs et de soja transgéniques, le virus et la bactérie, comme vecteurs O.G.M., sont abandonnés au profit de l'enzyme et bientôt de la protéine qui « corrige » le gène. Mais les inventeurs du système CRISPR[49], cette nouvelle technologie révolutionnaire de l'enzyme qui corrige le génome, demandent un moratoire[50] pour réfléchir sur l'éthique du procédé.

Au Congo, le virus de la mosaïque attaque désormais le manioc et le cacao, encore épargnés il y a dix ans. En 2015, 60 % du manioc, la nourriture de base du pays est touchée. Jusqu'ici, le changement climatique et la baisse du gradient d'humidité équatorial de 20 % en quinze ans étaient montrés du doigt. La sécheresse qui tue les mycéliums symbiontes du manioc et du cacao n'est sans doute pas seule en cause. Nous cherchons à sauver le manioc en travaillant sur les variétés de mycéliums, pendant que d'autres cherchent à manipuler son génome[51]. Ont-ils l'intention de se servir encore du virus qui met en péril la sécurité alimentaire de l'Afrique ? La modification génétique ne me sert à rien ici, les champignons se reproduisent rapidement. Contrairement à ce que nos professeurs nous enseignaient, ils

---

48 *Ibid.*
49 « Clustered Regularly Interspaced Short Palindromic Repeats » (courtes répétitions palindromiques groupées et régulièrement espacées)
50 Baltimore et al., « A Prudent Path Forward for Genomic Engineering and Germline Gene Modification » *Science*, 348 (6230): 36-38
51 Researchers Complete Draft Genome Sequence for Cassava, Bill & Melinda Gates Foundation information (2015)

se reproduisent aussi sexuellement, ce qui accélère les croisements. Les résultats spectaculaires nourrissent notre espoir : les récoltes mycorhizées sont cinq fois plus productives[52]. Il faut désormais généraliser l'expérience sur le terrain.

L'INFORMATION QUI DÉPOLLUE

Avant, nous étions convaincus que les gènes modifiés dans un règne ne pouvaient pas toucher un autre règne. Même les grands directeurs des biotechs des groupes cosmétiques et pharmaceutiques me l'expliquent encore. Mais depuis la généralisation des études de génomes, nous trouvons des exemples de transferts de gènes horizontaux pour des dizaines et des centaines de gènes actifs chez les primates et d'autres animaux « supérieurs »[53]. Nous partageons des gènes avec les fleurs et les bactéries du sol. L'étude du génome en relation avec celle du biome est en train de faire tomber les idées reçues et les blocages de la recherche pour nous ouvrir de nouvelles voies passionnantes et prometteuses. En attendant le jour où l'on pourra soigner l'homme en « dialoguant » avec la flore de nos entrailles, peu à peu nous explorons aussi comment ces découvertes pourraient servir à réparer les sols que nous avons pollués.

Stop, arrêtons-nous un instant. Laissons le sol se reposer. Les produits de synthèse se piègent naturellement dans le carbone. Tant que les toxines ne sont pas neutralisées, l'homme n'a pas intérêt à rester là. Les laboratoires d'analyse des pollutions classent le problème sous la rubrique « fractions solubles » : de gentils mots pour désigner tous les ions prêts à agir. Dans des sols très calcaires comme ceux de l'Île-de-France ou de

----

52 I. Ceballos et al., « The *In Vitro* Mass-Produced Model Mycorrhizal Fungus, *Rhizophagus irregularis*, Significantly Increases Yields of the Globally Important Food Security Crop Cassava », *Plos One* (2013), 8
53 A. Crisplt et al., « Expression of Multiple Horizontally Acquired Genes is a Hallmark of Both Vertebrate and Invertebrate Genomes », *Genome Biology* (2015)

San Francisco, la mort d'un sol par pollution ou étouffement suite à une construction engendre l'émission du gaz d'hydrogène sulfuré. Tant qu'il sent l'œuf pourri, il n'est pas dangereux. Lorsqu'il ne sent rien, il est concentré et paralyse le nerf olfactif. Les États-Unis le connaissent sous le nom de «gaz des suicidés», qui déprime ceux qui l'inhalent et en aide d'autres à en finir avec la vie. Il naît dans tous les terrains calcaires pollués aux hydrocarbures du goudron, des gaz d'échappement, des sacs plastiques qui n'ont pas trouvé la bactérie pour les digérer... Depuis 2010, une loi environnementale en Europe demande aux constructeurs de bâtir sur un terrain dépollué. Pollueur payeur. Le constructeur retire la terre et la déporte dans un lieu martyr, généralement à la campagne. Il retire aussi profond qu'il doit construire. Le reste? Il le couvre d'une bâche en plastique pour que sa construction ne soit pas contaminée. Pour un biologiste, c'est comme s'il mettait des hydrocarbures fossiles carbonisés avec des bactéries anaéro-biques directement en contact avec l'homme. Dans certains lieux, il est conseillé de ne pas rester trop longtemps dans le parking. Sous la bâche en plastique peuvent se former des poches concen-trées d'hydroxyde de soufre. Nous ne le saurons jamais, sans appareillage, il est indétectable quand il est toxique. Là encore le sauvage nous est nécessaire. Les fleurs, l'ail ou la roquette, vivent avec les bactéries qui métabolisent le soufre, les *Thiothrix*. Pour moi, ces bactéries représentent le «=» des formules chimiques de l'équilibre du soufre sur Terre dans sa relation avec l'oxygène, le carbone, l'hydrogène, le fluor et le calcium. Si l'école enseignait cela, la chimie serait sans doute plus vivante. Les *Thiothrix* sont des bactéries qui vivent avec l'air. Si l'homme les tue lors de ses travaux, il peut les réintroduire. Dans ce cas, il doit aussi leur associer les mycorhizes et les plantes qui vont soutenir leur travail.

Mais si une terre est laissée tranquille, les polluants se fossilisent à nouveau un jour ou l'autre. Seulement dès que l'homme relance l'activité biologique, dès qu'il cultive le sol à nouveau, les bactéries relâchent les toxines, comme si elles venaient d'être épandues. Cela arrive régulièrement. Un agriculteur fait une longue jachère, un particulier achète un terrain qui semble impeccable, pas touché depuis 50 ans. Ils le fertilisent et se retrouvent avec les fleurs qui indiquent les pires pollutions. Ces fleurs ne réparent pas, elles aident à la survie. Des plantes comme le tournesol ou les phragmites en bordures d'eau vont dépolluer et disséminer la pollution. Elles permettent aux mycorhizes de déconstruire les molécules complexes et peu à peu désactiver les risques pour la santé humaine. Tant que les organismes, mycorhizes ou bactéries, ne sont plus là pour les transformer, les toxines restent piégées, fossilisées pour des siècles. Le pétrole et ses dérivés en sont des exemples. Si l'on veut rattraper les dégâts à l'échelle humaine, l'homme doit forcément agir. Une fois encore, ce sont les fleurs qui informent de l'évolution des conditions de la terre. Les fleurs demandent à l'homme d'agir.

En Espagne, dans le parc naturel[54] privé auquel nous collaborons, nous avons dû interdire le passage des moutons. Après avoir brouté les restes de laitues et de soja transgéniques alentour, leurs déjections étaient pesticides. Ce n'est pas le seul endroit. La France est le plus grand client de soja transgé-nique importé du Brésil et d'Argentine pour «complémenter» la nourriture de son bétail. La fleur qui indique la présence de cette alimentation transgénique et de ses pesticides est la datura, *Datura stramonium*, qui est si belle dans les jardins avec ses fleurs aux allures de lys. Là aussi la dégradation des molécules d'herbi-cides dépend de la biodiversité et de la dynamique de la flore myco-bactérienne du sol[55]. Si l'homme veut survivre à la pollution, c'est à lui de les ramener. L'accumulation de pesticides, tels que l'atrazine, le plus répandu dans les eaux des rivières en Europe et

---

54 Cal Negre Natura Murcia
55 Skelly et al. (2010)

aux États-Unis, provoque les mutations des sexes des poissons et des batraciens[56].

Aujourd'hui, des Indiana Jones de la biologie parcourent le monde pour échantillonner les bactéries et mycéliums dans le plus grand nombre possible de biotopes extrêmes : les mines de plomb, d'arsenic, de mercure, les puits de pétrole... Cela revient un peu à compiler tout le savoir, la plus grande diversité d'expériences, de connaissances accumulées par ces êtres pour survivre à ces conditions désespérées, pour le transmettre par transfert de gène horizontal aux bactéries des zones récemment polluées qui n'ont pas eu l'apprentissage de milliers d'années d'évolution. J'en reviens toujours à la comparaison entre une zone humide naturelle qui ne produit rien de toxique, où les hydrocarbures sont digérés, et une zone polluée par le pétrole, où tout est toxique. Ensuite ces bactéries collectées sont cryogénisées et voyagent par millions dans une petite ampoule. Ce patrimoine génétique va informer, ensemencer les bactéries qui s'étouffent sans savoir comment réagir au sol pollué. Mais cela ne suffit pas. Il faut recréer les conditions de survie en apportant de l'oxygène et des nutriments, et il faut aussi reconstituer les symbioses de base de la vie du sol. Le mycélium est essentiel dans ce système – la fleur aussi par définition. Là, nous nous aidons des fleurs adaptées à ces biotopes. Car en fin de compte, l'objectif est de recréer, de relancer la chaîne alimentaire du sol. Ainsi ce dialogue avec les fleurs, après avoir joué un rôle pour remettre de l'ordre au fond de nos tripes, vient soutenir nos efforts pour dépolluer notre sol.

....
56 *Ibid.*

Conclusion

LA BOTANIQUE DE TERRAIN EN DISCUTANT AVEC LES PLANTES
Comment ai-je pu parler d'une fleur, la muse des poètes, comme d'un simple outil ? C'est sûr, elle nous nourrit, soigne, redonne l'envie de vivre en des temps troubles, depuis le siège de Sarajevo jusqu'à la guerre de Syrie. La fleur est notre lien avec les êtres du sol, la biodiversité qui nous indique leur présence, leur activité réelle. Une information d'une importance vitale car notre alimentation en dépend, notre santé également. Je ne vous servirai pas la menace des neuf milliards d'individus en 2050, qui sert de prétexte indigeste à l'industrie agrochimique qui vise à nous rendre tous obèses et chauves. Pour m'excuser auprès des chauves, voici un peu d'espoir. Le follicule pileux est le plus petit organe de notre corps. Bruno Bernard, le biologiste français qui lui y a dédié sa vie, y a découvert une réserve fabuleuse de cellules souches pour l'homme. Le follicule est capable de fabriquer la moitié de nos organes : la peau, les os, les muscles, les nerfs. Il fonctionne même en dehors du corps dans une éprouvette. Son record : 125 jours, 4 mois. Comme une fleur en vase. C'est aussi notre phénix à nous, il se régénère depuis un stade létal. C'est une néo-morphogénèse unique au monde à notre connaissance. Telles des petites graines en dormance sur notre tête, ils attendent le bon signal pour se réveiller. La comparaison du cheveu avec les plantes ne s'arrête pas là : il est notre plus grand dépollueur, il concentre tous les métaux lourds, comme un phragmite, l'herbe dépolluante. Autour, au bord de l'eau, il y a plein de fleurs qui aident les phragmites à accomplir leur rôle. Dès que l'eau diminue, laissant la vase à nue, la cochléaire s'installe où le sel se concentre, l'*Ammi visnaga* pousse sur les espaces plus chauves, l'*Eclipta alba* commence à placer son tapis de pâquerettes à feuilles charnues luisantes ; et pour fixer les sols en les couvrant d'herbes, j'ai planté sur les bord de l'Irrawaddy, le fleuve majestueux dans lequel se reflètent

les milliers de temples de Bagan en Birmanie, le beau gingembre à fleur de lys, *Hedychium spicatum* : celui-ci retient le sol et fait pousser dans ses rhizomes les herbes qui vont fixer la berge et permettre au grand *Ficus religiosa* de faire ses premières pousses pour être vénéré par les hommes pour les siècles à venir. L'objectif de ces plantes est d'entretenir la vie en surface, recréer le lien avec la dynamique de la terre. Peu à peu, j'ai réalisé que toutes ces plantes m'aident à garder mes cheveux avec leurs antioxydants et les autres principes « à côté ». Elles stimulent le minuscule follicule pileux.

Voilà ma vie de plante, les discussions que j'entretiens avec elles quotidiennement. La relation que créent les plantes comme le yacon et l'asphodèle avec les microbes du sol est à même de reconstruire notre biome intestinal. Le savoir-faire de la stevia avec ses sucres dans la nature nous délivre une stratégie pour contrer les bactéries qui causent nos caries. Toutes ces plantes sont souvent considérées à tort comme invasives alors qu'elles ne font que répondre aux conditions du sol. « Mauvaises herbes »… il n'y a pas de bonne ou de mauvaise chose, seulement des choses qui ne sont pas à leur place. Mais les plantes ont chacune une raison pour cela et sont aussi capables d'évoluer d'une génération à l'autre.

Le botaniste Sir Geoff Palmer nous dit toujours[1] : « Le vivant – les plantes – a déjà suffisamment de diversité dans ses gènes pour produire toutes les variations dont nous pourrions avoir besoin et cela par la simple reproduction sexuelle ». Le Royaume-Uni a anobli cet Écossais d'origine jamaïcaine pour avoir découvert le procédé de transformation du malt qui a révolutionné l'industrie de la bière et du whisky. Au début de ses recherches, le ministre de Margaret Thatcher[2] conseillait à ce Noir de s'occuper des cultures de bananes plutôt que de céréales européennes trop

----

1   Interviewé par Jim Al-Khalili, *The Life Scientific BBC4* (4 aout 2015)
2   *Ibid.*

sérieuses pour lui. Belle victoire venant d'un enfant diagnostiqué retardé, qui doit son admission à une bonne école à ses victoires au cricket. J'aime le citer car il me rappelle un peu sa compatriote Mary Seacole qui a sauvé l'armée britannique et son élite. Les idées reçues sont là pour être remises en cause. Au Congo, nous comptons sur la reproduction sexuelle des mycorhizes, qui n'étaient pas censées se reproduire ainsi, pour sauver le manioc, alors que d'autres vendent des manipulations génétiques qui aboutiront vraisemblablement quand tout le monde aura crevé de faim.

DES PASSERELLES ENTRE LES DISCIPLINES COMME LE FONT LES BACTÉRIES

Il y a l'action, la curiosité, la soif de connaissances de toujours davantage de biodiversité. La communication avec les autres spécialités scientifiques est aussi importante pour ne pas dépenser l'énergie et l'argent dans des expériences qui ne mènent à rien. Cela paraît une évidence, pourtant, huit ans après notre projet « T'ikka Papa » qui avait pour but d'éveiller le monde à la biodiversité de la pomme de terre et de remercier les Incas qui l'ont créée, le géant de la chimie BASF retire ses demandes d'autorisation de culture de pomme de terre transgénique en Europe : quinze ans de recherche et développement, dix ans de procédures juridiques et lobbying. Tout cela pour rien, « total potatoes » comme disent les Espagnols. La patate devait produire la fécule de l'industrie du papier. Elle a été modifiée pour en produire autant que des cultivars existants chez les Incas. Peut-être ne le savent-ils pas ? Les Péruviens ont interdit les brevets sur le vivant. S'ils avaient pris la variété indigène, les semenciers concurrents se seraient accaparé de l'idée. Il faut les comprendre : dans l'industrie, il suffit qu'un gros s'y mette pour que tous le suivent.

Pour prouver que c'est votre O.G.M., il faut un marqueur : le gène de résistance à l'antibiotique kanamycine[3], utilisé contre la pneumonie et la tuberculose, inscrit sur la liste des médicaments essentiels de l'O.M.S. Les scientifiques consultés par l'Europe justifient le faible danger d'une dispersion dans la nature de cette résistance aux antibiotiques par le simple fait qu'elle est déjà largement répandue à travers la planète. Ce gène de résistance est utilisé depuis la création des O.G.M., pour le maïs comme le soja.

Le plus intéressant nous vient de chercheurs chinois qui annoncent en novembre 2015 la découverte d'un gène de résistance à deux autres antibiotiques : la colistine massivement administrée aux cochons et la polymyxine combattant également les infections graves de l'homme. Cette résistance toucherait un cinquième des cochons d'élevage et 1 % des patients testés[4] dans un hôpital de Canton. C'est la toute première fois que le test est réalisé au monde, on tremble un peu en pensant à la suite.

Nous savions que les antibiotiques se transféraient par la chaîne alimentaire, ce sont désormais les gènes de résistance aux antibiotiques qui le sont. Les Chinois démontrent qu'il s'agit d'un transfert horizontal de gène, d'un être à un autre de son vivant, et non par le biais de la reproduction sexuelle. La plupart des scientifiques européens ont toujours douté que cela puisse nous arriver un jour. Encore aujourd'hui, l'argument de cette impossibilité sert à justifier l'innocuité des O.G.M. Cette découverte confirme également qu'un gène humain peut être modifié par son environnement – l'une des hypothèses montantes pour expliquer l'origine

---

3   « Observations des communautés européennes sur les réponses des experts scientifiques aux questions posées par le groupe spécial », *ANSES* (28 janv. 2005)
4   Yi Yun Liu et al., « Emergence of Plasmid-mediated Colistin Resistance Mechanism MCR-1 in Animals and Human Beings in China : a Microbiological and Molecular Biological Study total potatoes », *The Lancet* (18 nov. 2015)

de l'autisme. L'histoire se répète. Mes professeurs de biologie me disaient que les seules cellules qui ne se répliquaient pas étaient les neurones. Nous avions notre quota à vingt ans. Et puis quoi encore ? Cette nouvelle transmission de l'information démontre la fantastique créativité de la vie. Désormais même en biologie, il est interdit d'interdire. J'entends mon maître Théodore Monod rire aux éclats. Maintenant que l'homme n'a plus beaucoup d'antibiotiques de synthèse qui fonctionnent, peut-être serait-il grand temps de se tourner aussi vers la biodiversité : les plantes et leurs champignons.

LA FORCE DE L'INFORMATION ET LE *SMALL DATA*

La deuxième révolution de la biologie est celle de l'information. Il y a l'enseignement des anciens, Goethe, Steiner, Vavilov..., la connaissance, il y a aussi l'information que nous portons en nous, dans notre A.D.N. En juin 2000, Bill Clinton et Tony Blair annoncent la réussite du séquençage du génome humain. Notre A.D.N. est décodé. Le mode d'emploi de notre vie est déroulé, offert à notre compréhension. C'est le résultat d'une lutte entre Craig Venter, sa société par action Celera, et le reste du monde universitaire, dont l'un de ses leaders, Sir John Sulston, qui a reçu le prix Nobel de médecine 2002. Son enjeu était que le séquençage du génome humain ne soit pas privatisé. Les universitaires, avec des moyens identiques à ceux dont Celera se vantait de disposer, ont réussi à les coiffer sur le poteau. La passion est la grande responsable, l'esprit de liberté. John Sulston est un homme engagé. Le combat contre le brevet du vivant est son quotidien. C'est lui qui paie en partie la caution de Julian Assange, le fondateur de Wikileaks, pour lui permettre d'échapper aux geôles américaines. Assange se réfugie dans l'ambassade de l'un des pays qui possède la plus grande biodiversité, l'Équateur. Le premier pays au monde qui ait suggéré qu'il valait mieux, pour sauver le climat, laisser le pétrole, l'énergie fossile, dans les entrailles de la Terre et préserver la biodiversité, le vivant.

D'un autre côté, cette révolution de l'information permet aujourd'hui à Craig Venter de s'allier à Peter Diamandis, l'homme de l'intelligence artificielle de la Silicon Valley, pour résoudre l'équation du génome conjugué au biome. Ils fondent Human Longevity Inc. pour faire digérer aux ordinateurs les résultats des recherches mondiales sur ces deux axes de l'intimité de l'homme, combinés à ses microbes. Ils activent les probabilités pour quantifier les risques. L'objectif annoncé est de soigner les maladies génétiques. Il sera difficile pour une société commerciale de cet acabit de ne pas céder à la tentation de détecter l'intrus aux frontières avec le V.I.H. ou autre, qui peut s'avérer dangereux, douteux, selon les idéologies et croyances de chacun. La quantité d'information est là. La qualité et la finesse de l'analyse l'est-elle vraiment?

L'évolution exprime aussi une différence de temporalité entre les êtres. *Escherichia coli*, la bactérie modèle de la biologie que nous portons tous en nous, se reproduit en 30 minutes là où l'homme met vingt ans à le faire. Une génération humaine représente 350 000 générations de bactéries. 350 000 générations humaines c'est l'espace qui nous sépare du plus vieux fossile hominidé connu: Toumaï, sept millions d'années, découvert par Michel Brunet, dans le Sahara tchadien. Nous avons dans nos tripes des êtres qui évoluent dans une autre temporalité. Ces éléments de notre biome ont une action sur notre métabolisme. Déjà nous ne les voyions pas, mais voilà que leur devenir nous échappe totalement. L'évolution de ces bactéries symbiontes et leur impact sur notre métabolisme restent une inconnue dans le contexte du changement climatique et des nouveaux produits chimiques lâchés dans la nature, dont le nombre devient exponentiel.

Ici aussi, les modélisations informatiques du type de celles développées par Venter et Diamandis, pourront sans doute un jour nous aider à conceptualiser ces interactions. Entre temps, les fleurs sont également soumises à une autre temporalité, un temps intermédiaire plus réactif que le nôtre. En attendant les progrès informatiques qui nous permettront de suivre ces développements pour résoudre les erreurs d'évolution à l'origine de nos défaillances immunitaires, peut-être pouvons-nous nous tourner vers les fleurs.

Car finalement, ce décryptage, cette information, ne nous ont-t-ils pas toujours été enseignés par les fleurs ? Leur parfum, cet hydrocarbure polycyclique aromatique vivant et non fossile comme le pétrole, ne sert-il pas à nous attirer vers la vie, la santé, l'amour ?

Voilà où nous en sommes. Le public décroche au moment où la vigilance est demandée. Le *big data*, la gestion de masses d'informations par l'intelligence artificielle, peut nous apporter beaucoup. Il a permis au professeur Seneff de compiler les études qui ont démontré les déviances des industries chimiques qui impactent la santé de nos enfants. Les statistiques sont importantes mais d'autant plus pertinentes en fonction de la justesse de l'information, de sa qualité. L'information que nous fournit la plante à nos pieds, c'est du « *small data* ». C'est aussi personnel, ressenti, la fleur nous informe et déjà nous libère en toute simplicité. À bon escient, l'une et l'autre démarche peuvent être utiles. Car la réalité du *big data* aujourd'hui, c'est aussi le réseau de scientifiques qui communiquent entre eux. Chaque relais dans ce cas n'est plus seulement une statistique, mais aussi un jugement basé sur une expérience et un savoir.

L'ÉNERGIE DU GOÛT

Enfin il y a l'énergie. Monsieur Diesel, vous avez parié sur l'huile des micro-algues. Les océans étaient des déserts aux yeux de nos professeurs. Les organismes sont tout simplement trop petits pour être vus : 5 % de la biomasse marine est visible à l'œil nu. Nous plongeons parmi une immensité d'êtres vivants invisibles. L'impact que l'on peut avoir sur eux nous est totalement indifférent. Une baleine, un dauphin à la limite... La bactérie *Proclorococcus* et les diatomées qui l'entourent sont responsables à elles seules de la production de 50 % de l'oxygène de notre atmosphère. Parmi ces bactéries qui vivent de photosynthèse, les ancêtres des fleurs, il y a celles qui produisent l'huile qui fait rouler aujourd'hui les bus d'Alicante en Espagne et fournissent les stations-services de Californie, et bientôt nos avions de ligne... Mais si nous faisions comme elles ? Si nous allions directement à la source en utilisant la photosynthèse ? Aujourd'hui l'énergie solaire ne transforme que 40 % de la force du soleil. Les herbes folles sont à 100 %. Elles maîtrisent « la folie quantique aléatoire »[5], une théorie imaginée par Bohr, qui trouve ici une application bien pratique. Les plantes allient la théorie quantique et la biologie pour permettre aux éléments énergétiques qu'elles produisent avec le soleil d'être à plusieurs endroits en même temps pour capter l'énergie sans déperdition. Les chloroplastes des plantes, hérités des micro-algues, à qui nous devons notre atmosphère, jouent avec le soleil depuis deux milliards d'années. Peut-être à force ont-ils appris à capter toutes les qualités de l'énergie, sans oublier un seul niveau. Ce qui est quantique pour les uns, est peut-être tout simplement un acte gourmet pour d'autres, qui distinguent et intègrent chaque qualité d'énergie, comme si elle s'adressait aux six niveaux de goût simultanément : le sucré, le salé, l'acide, l'amer, l'umami et le non-goût. Ces deux derniers niveaux sont les contributions récentes venues d'Asie : l'umami est le goût de la protéine azotée, celui d'un vieux champagne ou d'un jambon ibérique, le second se réfère à l'astringence, aussi claire que l'acier. Voici une réponse futile à la discussion sur le futur de notre énergie de Bohr et d'Einstein, qui ne croyait pas du tout en la théorie quantique. « Mais qui êtes-vous monsieur Einstein pour dire à Dieu ce qu'il doit faire ? ». Les plantes à l'aube de ce millénaire mettent enfin d'accord les deux grands physiciens, en démontrant la théorie

---

5   G. Scholes et al., « Lessons from Nature About Solar Light Harvesting », *Nature Chemistry* (2011) 3, pp. 763-774

de la relativité et la mécanique quantique, deux inventeurs qui s'opposaient et s'admiraient. Par cette démonstration magistrale, les plantes continuent à nous surprendre.

Avant d'en arriver là, revenons sur terre un instant, plus simplement. Les herbes folles nous nourrissent et participent à la vie du sol. Elles sont au centre de toute cette complexité du vivant qui fixe le carbone et les gaz à effets de serre responsables du changement climatique. Depuis mars 2015, la nouvelle est même relayée par le monde politique français et devient une annonce de la COP21[6] : une augmentation de 4 pour 1000[7] des stocks de matières organiques dans le sol peut réduire drastiquement la donne climatique. La solution revendiquée passe par le non-labour, le couvert végétal permanent et l'agroforesterie. Comme pour l'énergie renouvelable des micro-algues découvertes il y a un siècle, nous le savons. Agissons.

6 Conférence des parties des Nations unies sur le climat de Paris (2015)
7 Chenu et al., « Stocker du carbone dans les sols agricoles : évaluation de leviers d'action pour la France », *Innovations Agronomiques* 37 (2014), pp. 23-37

PROCESSUS DE FABRICATION

Ce livre est imprimé avec des encres végétales ne contenant pas de métaux lourds.

Le papier Munken Print d'Arctic Paper utilisé pour cet ouvrage est fabriqué à partir de fibres provenant de forêts gérées de manière durable et équitable. L'usine suédoise de Munkedals qui le fabrique a un système de recyclage de l'eau sur le modèle de l'écocycle à basse consommation d'eau (3-4 litres/kg de papier au lieu de 10 à 15 l/kg habituellement).

Responsable de l'impression et du façonnage, l'Imprimerie moderne de l'Est (IME), située à Baume-les-Dames, dans le Doubs, s'est engagée à allier l'évolution d'une entreprise industrielle en milieu rural à la protection de l'environnement.
Imprim'Vert depuis 2004, IME a notamment diminué ses émissions de composés organiques volatils (COV) de près de 80 % en cinq ans et participe à la préservation des nappes phréatiques et à la protection du milieu halieutique en réduisant sa consommation d'eau et ses rejets aqueux.
En 2005, elle a obtenu le Trophée d'or de l'environnement. ISO 14001 depuis 2006, chaîne de contrôle FSC et PEFC depuis 2007, l'entreprise fait partie des huit premières imprimeries certifiées Print Environnement.

La protection de la couverture est assurée par le passage d'un vernis acrylique soluble dans l'eau, permettant ainsi son recyclage dans la chaîne traditionnelle du papier.

Conception graphique: Bigre! – *www.bigre.com*
Direction artistique: Nejib Belhadj-kacem

Numéro d'édition: 306321

impression/façonnage: IME, France
imprimé sur du Munken Pure d'Arctic Paper 100g/m^2
couverture sur Munken Pure 240g/m^2
Achevé d'imprimer en mai 2016
1er dépôt légal: février 2016
dépôt légal: mai 2016

IMPRIMÉ EN FRANCE, UNION EUROPÉENNE